한국의 노래비

세월에 얽힌 우리의 노래를 찾아가다

한국의 노래비

세월에 얽힌
우리의 노래를 찾아가다

심재영 · 이지환 엮음

나무향

서문

책을 펴내며

　우리 민족은 힘들고 어려울 때 고된 마음을 노래로 표현하며, 슬퍼 응어리진 한(恨)을 풀어왔다. 노래는 한 시대를 반영하는 역사다. 노래 한 곡으로 국민이 하나로 뭉치기도 하고, 노래 한 곡으로 나라 잃은 설움과 6·25전쟁으로 인한 이산가족의 설움을 달래기도 하였다. 어려운 시기마다 우리 민족의 가슴을 따뜻하게 어루만져 준 것은 '말'보다 '노래'였다. 오늘날도 마찬가지다. 동요는 아이들의 시대 놀이를 말해주고 대중가요는 그 시대의 국민 정서를 그대로 반영하는 또 하나의 역사이기도 하다.
　이런 노래의 가치를 알고 2008년 이후 수많은 지방자치단체, 예술단

체, 독지가 등이 노래를 만들고 부른 이를 기리며 지역홍보를 위해 다양한 형태의 많은 노래비를 세워왔다.

조형물에 노랫말을 새겨 둔 것을 노래비라고 한다. 문학비(시나 소설의 일부를 새긴 것)를 수집하고 정리하여 책으로 엮은 것은 여러 권 발간되어 있다. 하지만 노래비에 대한 것은, 2008년 처음 발간된 것이 있기는 하지만 대중가요 노래비 80여 개를 소개한 것에 그친다. 각 지방자치단체에서 자기 고장을 알리기 위해 세운 노래비나 가수, 작곡가, 작사가를 기리기 위해 세워진 수많은 노래비가 소개되지 못한 아쉬움이 있다.

필자(심재영·이지환)는 이렇게 한 시대와 함께 하며 우리 국민의 희로애락을 표현한 노래비가 사장(死藏)되는 것이 안타까워 신문 보도 자료나 구글 등 인터넷과 도서관 자료를 통해 노래비에 대한 기초 자료를 수집해 전국을 돌며 노래비를 하나씩 촬영하기 시작했다.

시·도 및 시·군·구 지역별로 나누어 촬영을 하다보면 기록에는 분명히 있는데 관할 부서에서는 현황 파악도 못하고 있는 경우가 허다했다. 수소문 끝에 노래비가 있다는 곳을 어렵게 찾아가면 이미 다른 곳으로 옮겼거나 망실된 경우도 있었다. 그나마 연세 많으신 어르신들이 그 지역의 산 증인이 되어주셨다. 마을 이장이나 경로당을 찾아가 물어보면 어르신들이 오히려 정확하게 알고 있는 경우도 있었다.

조그마한 노래비 하나를 찾기 위해, 넓디 넓은 공원과 작고한 분들의 묘소를 찾아, 햇살 뜨거운 여름날에는 땀방울을 흘리며, 추운 겨울날에는 추위에 떨며 산등성이를 몇 번이나 오르락내리락할 때는 무척이나 힘들었지만, 찾고자 하는 노래비를 찾았을 때의 기쁨은 그 무엇과도 바꿀 수 없는 하나의 희열이었다.

동요, 가곡, 가요, 애향가 등 전국에 흩어져 있는 수 많은 노래비를 책 한 권에 모두 담기에는 부족한 면이 없지 않다. 특히 시인의 시(詩)에 곡을 붙인 가곡의 경우는 시비(詩碑)로 볼 것인지 노래비로 분류할 것인지에 대해 이견이 있을 수 있지만, 작곡가가 여러 명이 있는 몇몇의 경우는 제외하였으며, 널리 알려지거나 노래비로 세워진 것만 수록하였다.

2018년 3월말 현재 파악한 전국 각지에 세워진 노래비는 가곡 90개, 대중가요 223개, 동요 87개, 민속음악 81개, 애향가 72개, 군가 5개, 기념비 23개, 기타 86개 등 667개이다. 이 외에도 누락된 노래비가 더 있을 것으로 생각된다.

『한국의 노래비』를 통해 우리 국민들이 민족의 애환을 함께했던 시대의 노래들을 새롭게 인식하고, 다시금 이 노래들이 국민화합의 작은 씨앗이 되고 우리나라의 귀한 관광 자원으로 활용되길 바란다.

이 책이 발간되기까지 사진 촬영을 도와주시거나 사진을 제공하여 주신 군부대 관계자님, 마을 이장님, 섬 지역 관계자 여러분께 이 자리를 빌려 진심으로 감사의 말씀을 드리며, 주말이면 노래비를 찾아 떠나는 남편의 취지를 이해하고 격려해 준 아내에게 고마움을 전한다. 나무향 출판사 정연순 사장님과 서명지 편집디자이너께도 감사드린다.

2018년 4월

강원도 횡성에서 심재영
경남 창원에서 이지환

축사

『한국의 노래비』 출간에 즈음하여

이호섭 (작곡가 · 방송인)

　우리는 흔히 대중가요를 '유행가'라고 부른다. 그 시대에 가장 유행했던 사고(思考)· 양식(樣式)· 사회적 현상(現象)· 문물(文物)· 사건(事件)· 화제(話題) 등이 씨줄과 날줄로 직조(織造)되어 한 곡의 노래를 구성한다는 의미에서 붙인 이름이다. 따라서 '대중가요'는 그 시대의 단면도(斷面圖)일 수밖에 없다. 시대상과 맞지 않은 노래는 절로 도태되어 대중으로부터 잊혀지고, 그 시대상을 잘 반영한 노래는 공감을 얻어 대중으로부터 선택을 받아 기억 속에 오래 남게 된다.
　특히 대중의 마음을 움직여 빅 히트를 기록한 노래는 그 속에 대중이 하고 싶어 했던 말과 생각을 대변하고 있으므로, 그 노래는 단순히 독립되어 존재하는 개체로서의 노래가 아니라, 한 사람 한 사람의 가슴에 공명을 자아내어 자기의 이야기로 재해독하게 하는 개인의 주제가로 존재한다. 그래서 '이 노래는 내 노래야'라는 인식이 형성되어 히트가요가 되고, 또 오래도록 생명력을 유지하는 것이다.

작곡가 · 방송인 이호섭

　이런 오랜 생명력을 지닌 희대의 명곡들을 기념하기 위해 세워진 노래비가 전국에 산재해 있다. 노래비에는 저마다의 노래에 얽힌 사연과 창작자에 대한 소중한 이야기가 새겨져 있어서, 찾는 이들의 가슴에 또 하나의 감흥의 물결을 일게 한다.

　노래비는 당대뿐만 아니라 후대에까지, 우리가 걸어왔던 여정에 대한 이야기를 꾸밈없이 전해주는 살아 있는 기록물이라는 면에서, 소중한 문화유산이 아닐 수 없다.

　이런 점에서 이지환·심재영 두 분이 선보이는 이 책의 의미와 가치는 필설(筆舌)로 다 표현하기 어렵다고 하겠다. 이지환·심재영 두 분은 무려 700여 곡의 노래비에 대한 기록 및 사진자료를 취합하여 이 책을 완성했다고 한다. 수년에 걸쳐 전국의 노래비를 찾아 발품을 팔고, 수많은 비용을 자비로 충당하면서도, 이 역사적인 과업에 신들린 듯 이끌려 전국을 누비고 다닌 끝에, 드디어 이 찬연한 보물이 세상에 빛을 드러내게 되었다.

　이지환·심재영 두 분의 땀과 정열로 탄생한 이 책이, 한 시대를 풍미하며 대중의 가슴을 사로잡았던 명곡에 대한 새로운 조명이 되고, 나아가 후대에까지 가요의 바이블이 될 귀중한 지평을 그었음을, 백 번 천 번을 찬

탄해도 결코 지나침이 아닐 것이다.

    재삼 이 책의 발행을 축하드리며, 가요인으로서 이지환·심재영 두 분께 무한한 감사를 드린다.

- 한국가창학회 회장, 서강대학교 대학원 문학박사 수료.
- [대표곡] 다함께 차차차, 찬찬찬, 찰랑찰랑, 짝사랑, 원점, 삼각관계, 10분내로 등 890여 곡 발표

| 차 례

서문 | 책을 펴내며　　　　　　　　　　　　　　　　　　　　　　　*4*
축사 | 『한국의 노래비』 출간에 즈음하여　　　　　　　　　　　　　*8*

제1장 서울특별시　　　　　　　　　　　　　　　　　　23

고향의 봄(동요) / 과거를 묻지 마세요(가요) / 과수원길(동요) / 광화문 연가(가요) / 님 계신 전선(가요) / 단장의 미아리고개(가요) / 돌아가는 삼각지(가요) / 마포종점(가요) / 바위고개(가곡) / 반달(동요) / 봉숭아(가곡) / 새나라의 어린이(동요) / 서울의 찬가(가요) / 세계의 문 Part1 유년의 끝(가요) / 송파의 노래(가요) / 알뜰한 당신(가요) / 애수의 소야곡(가요) / 어린이날 노래(동요) / 어머니의 마음(가곡) / 영등포의 밤(가요) / 왕십리(가곡) / 울고넘는 박달재(가요) / 타향살이(가요) / 파란마음 하얀마음(동요) / 향수(가곡) /

김광석 노래비(기념비) / 멋진 사나이(군가) / 박태준 박사 찬송비(기념비) / 봉원사가비(애향가) / 시편23편(기타)

제2장 부산광역시　　　　　　　　　　　　　　　　　　53

경상도 아가씨(가요) / 과수원 길(동요) / 굳세어라 금순아(가요) / 그네(가곡) / 기다리는 마음(가곡) / 나뭇잎 배(동요) / 내 고향은 가덕도(가요) / 노을(동요) / 돌아와요 부산항에(가요) / 동백 아가씨(가요) / 보리밭(가곡) / 부산갈매기(가요) / 산넘어 남촌에는(가곡) / 선구자(가곡) / 숲속을 걸어요(동요) / 엄마야 누나야(동요) / 용궁사의 밤(가요) / 태종대(가요) / 해운대 엘레지(가요) / 향기 품은 군사우편(가요) /

HLKU의 노래(부산 MBC 사가)(애향가) / 감전 애향가비(애향가) / 덕내골 풍물타령(민속음악) / 부산의료원 병원가(애향가) / 부산진구의 노래(애향가) / 성악가 고태국 음악비(기념비) / 영도찬가(애향가) / 오태균 음악비(기념비) / 옥샘 오솔길(애향가) / 인생(사노라면) / 장전마을 노래비(애향가) / 정과정곡(민속음악) / 차성가(민속음악) / 태평사(민속음악) / 헌화가(민속음악)

제3장 대구광역시 79

과수원 길(동요) / 꽃중의 꽃(가요) / 나팔꽃 인생(가요) / 나팔 불어요(동요) / 능금꽃 피는 고향(가요) / 동무 생각(가곡) / 비내리는 고모령(가요) / 빨간 마후라(가요) /

김광석 기념비(기념비) / 대구시민의 노래(애향가) / 새싹(기타) / 지구는 보배로운 집(기타) / 초록의 향연(기타) / 2·28찬가(기타)

제4장 인천광역시 91

고향의 봄(동요) / 그리운 금강산(가곡) / 눈물의 연평도(가요) / 님 계신 전선(가요) / 비내리는 인천항 부두(가요) / 섬마을 선생님(가요) / 연안부두(가요) / 이별의 인천항(가요) /

배치기 소리(민속음악) / 연꽃이 되었구나(성불가요) / 연평도 고유의 민속소리(민속음악) / 인천 시민의 노래(애향가) / 촛불을 켜라(성불가요)

제5장 광주광역시　　　　　　　　　　　　　　103

영산강 처녀(가요) /

광주 동구민의 노래(애향가) / 광주 시민의 노래(애향가) / 국창 임방울 선생 기념비(기념비)

제6장 대전광역시　　　　　　　　　　　　　　107

대전부르스(대전 사랑 추억의 노래비)(가요)

제7장 울산광역시　　　　　　　　　　　　　　111

님(창살 없는 감옥)(가요) / 망부석 여인(가요) / 봄편지(동요) / 울산아리랑(가요) / 울산 큰 애기(가요) / 짝사랑(가요) / 타향살이(가요) / 환상의 섬(가요) /

처용가(향가)

제8장 세종특별자치시　　　　　　　　　　　　123

고향(가곡) / 그리운 사람끼리(가요) / 따오기(동요) / 모닥불(가요) / 사모곡(가요) / 얼굴(가곡) / 엄마야 누나야(동요) / 향수(가곡)

제9장 경기도　　　　　　　　　　　　　　　　133

겨울 나무(동요) / 고향(가곡) / 고향의 봄(동요) / 과수원 길(동요) / 나무의 노래(동요) / 나의 조국(가곡) / 남한강 소식(가요) / 님의 향기(가요) / 다람쥐(동요) / 독도는 우리 땅(축소판)(가요) / 돌아가는 삼각지(가요) / 동숙의 노래(가요) / 두메산골(가요) / 둘이 하나되어(가요) / 따오기(동요) / 매미(동요) / 메아리(동요) / 무궁화(동요) / 민들레 홀씨처럼(가곡) / 바닷가에서(동요) / 반달(동요) / 봉숭아(가곡) / 비둘기집(가요) / 사랑을 위하여(가요) / 산들바람(가곡) / 산바람 강바람(동요) / 삼팔선의 봄(가요) / 숲속을 걸어요(동요) / 신라의 달밤(가요) / 앵두나무 처녀(가요) / 얼굴(가곡) / 영원(가요) / 용상골이 좋아요(가요) / 우리의 소원(동요) / 유정천리(가요) / 이 길을 간다(가요) / 이정표(가요) / 잃어버린 30년(가요) / 자랑스런 서희(동요) / 자전거(동요) / 작지만 큰 행복(가요) / 장서방네 노을(가요) / 초록바다(동요) / 타향살이(가요) / 하얀나비(가요) / 향수(가곡) / 형제별(동요) / 홍도야 우지마라(가요) /

도월마을(에항가) / 동두친 시의 노래(애향가) / 새마을 노래(기타) / 성남시민의 노래(애향가) / 수원의 노래(애향가) / 월곶면민 노래비(애향가) / 의정부 평화의 노래(기타) / 이천 애향가(애향가) / 청산리 벽계수야(황진이가비)(민속음악) / 홍랑가비(민속음악) /

제10장 강원도 187

강촌에 살고 싶네(가요) / 고향초(가요) / 과수원 길(동요) / 그리운 언덕(동요) / 꽃밭에서(동요) / 나 하나의 사랑(가요) / 내 마음(가곡) / 대관령(가곡) / 동무 생각(가곡) / 두견새 우는 청령포(가요) / 마의태자(가요) / 모닥불(가요) / 방랑시인 김삿갓(가요) / 봄날은 간다(가요) / 비목(가곡) / 사공의 노래(가곡) / 설악가(가요) / 세월이 가면(가곡) / 소양강 처녀(가요) / 수선화(가곡) / 아 대한민국(가요) / 아우라지(가곡) / 연인들의 이야기(가요) / 용호강 노래(가요) / 이 소원 잊지 말아주(가요) / 자작고개(가요) / 척야산 진달래(가요) / 파도(가요) / 화진포에서 맺은 사랑(가요) /

강릉아가씨(가요) / 계촌의 노래(애향가) / 김광석 노래비(기념비) / 아우라지(민속음악) / 안사람 의병가(민속음악) / 안사람 의병노래(민속음악) / 애달픈 노래(민속음악) / 양양팔경가(애향가) / 정선아리랑(민속음악) / 정선아리랑 민요비(민속음악) / 정선아리랑 뱃사공(민속음악) / 학마을 노래(애향가) /

괜찮아(판각) / 구름 같은 인생(판각) / 그대 모습은 장미(판각) / 기다리게 해놓고(판각) / 끝이 없는 길(판각) / 내 곁에 있어주(판각) / 단발머리(판각) / 목마와 사랑(판각) / 무정부르스(판각) / 물 같은 사랑(판각) / 바야야(판각) / 빈 의자(판각) / 빙글빙글(판각) / 빛과 그림자(판각) / 새끼손가락(판각) / 아베마리아(판각) / 어젯밤 이야기(판각) / 연인들의 이야기(판각) / 오직 하나뿐인 그대(판각) / 우린 너무 쉽게 헤어졌어요(판각) / 이 거리를 생각하세요(판각) / 이별이래(판각) / 인어 이야기(판각) / 잃어버린 30년(판각) / 잊혀진 계절(판각) / 지난 여름날의 이야기(판각) / 치악산(판각) / 토요일은 밤이 좋아(판각) / 풀잎 이슬(판각)

제11장 충청북도

감자꽃(동요) / 고향(가곡) / 구슬비(동요) / 맴맴(동요) / 명성황후(가요) / 비목(가곡) / 산막이옛길(가요) / 세월이 가면(가곡) / 엄마야 누나야(동요) / 울고 넘는 박달재(가요) / 월악산(가요) / 좋아졌네(가요) / 짝짜꿍(동요) / 추풍령(가요) / 탄금대 사연(가요) / 향수(가곡) /

로뎀의 종소리(애향가) / 수안보 온천(민속음악) / 장군의 노래(기타) / 청주시민의 노래(애향가) / 홍와촌 노래(애향가)

제12장 충청남도

가고파(가곡) / 가슴 아프게(가요) / 갑돌이와 갑순이(가요) / 강 건너 봄이 오듯(가곡) / 고향(가곡) / 고향의 노래(가곡) / 고향의 봄(동요) / 그리운 금강산(가곡) / 금산 아가씨(가요) / 기러기 아빠(가요) / 꽃밭에서(가요) / 내 고향 삽교를 아시나요(삽다리)(가요) / 내 마음 그 깊은 곳에(가곡) / 님의 노래(가곡) / 님이 오시는지(가곡) / 두메산골(가요) / 만리포 사랑(가요) / 모닥불(가요) / 모래성(가요) / 물길 백리 꽃길 백리(가요) / 물레방아 도는데(가요) / 반달(동요) / 백마강(가요) / 백제야화(가요) / 봉숭아(가곡) / 비목(가곡) / 빗속에서(가곡) / 산유화(가곡) / 삽다리 총각(가요) / 서산 갯마을(가요) / 선창(가요) / 수목원에서(가곡) / 슬프도록 보고픈 이여(가곡) / 신성리 갈대밭연가(가요) / 신토불이(가요) / 아씨(가요) / 안면도 꽃지 사랑(가곡) / 얼굴(가곡) / 옛 친구(가곡) / 저녁에(가곡) / 조개 껍질 묶어(라라라)(가요) / 찔레꽃(장사익)(가요) / 청산에 살리라(가곡) / 초우(가요) / 추억의 백마강(가요) / 칠갑산(가요) / 하숙생(가요) / 한 많은 백마강(가요) /

명사십리(기타) / 명창 이은관 노래비(기념비) / 명창 최선달 기념비(기념비) / 모전리 찬가(애향가) / 바르게 살자 노래비(기타) / 박춘석 작곡가비(기념비) / 반야월 작사가비(기념비) / 백석포 노래(애향가) / 사모곡(목주가)(민속음악) / 서동요비(민속음악) / 서산문화원의 노래(애향가) / 수덕사의 여승(기타) / 시초면민의 노래(애향가) / 신중현 작곡가비(기념비) / 안사람 의병가(민속음악) / 오서산 타령비(민속음악) / 완포의 노래(애향가) / 음암면민의 노래(애향가) / 익산시 애향 노랫말비(서동선화)(애향가) / 홍타령비(민속음악)

제13장 전라북도 301

고향(가곡) / 고향 샘터(가곡) / 고향에 찾아와도(가요) / 그 산에 꽃이 피어도(현숙 효열비)(가요) / 나의 어머님(현숙 효열비)(가요) / 남원의 애수(가요) / 마이산아 반겨다오(가요) / 변산 아으리랑(가요) / 비목(가곡) / 삼팔선의 봄(가요) / 쏴쏴쏴(가요) / 오래오래 살아주세요(가요) / 잘 있거라 내장산아(가요) / 지는 해가 아름다워(가요) / 채석강의 절경(가요) / 해 뜰 날(가요) /

금과 들소리(순창농요)(민속음악) / 동리가비(민속음악) / 둔덕교회의 노래(애향가) / 방등산가비(민속음악) / 새야새야 파랑새야(민속음악) / 선운산가비(민속음악) / 소고당 고단 여사 가사비(산외별곡)(기타) / 오늘이 오늘이소서 노래탑(민속음악) / 정읍사(민속음악) / 진안군가(애향가) / 진안사랑가(애향가)

제14장 전라남도 323

거문도 등대가(가요) / 고향(가곡) / 내 고향 진도(가요) / 노오란 셔쓰의 사나이(가요) / 누가 누가 잠자나(동요) / 달 따러 가자(동요) / 목포는 항구다(가요) / 목포의 눈물(가요) / 부용산(가요) / 산동애가(가요) / 섬마을 선생님(가요) / 세월이 가면(가곡) / 엄마야 누나야(동요) / 여수항 경치(가요) / 영암아리랑(가요) / 우리의 소원(동요) / 월출산 연가(가요) / 자전거(동요) / 추억의 관방천(가요) / 향수(가요) / 향수(가곡) / 호랑나비(가요) / 흑산도 아가씨(가요) /

가거도 멸치잡이 노래(민속음악) / 가수 김정호 기념비(기념비) / 강강술래 기념비(민속음악) / 고수 김명환 기념비(기념비) / 국창 송만갑 선생 추모비(기념비) / 내 고향 망덕포구(애향가) / 내 고향 하의도(애향가) /

노래(죽창가)(기타) / 명창 박봉래 선생 추모비(기념비) / 명창 박봉술 선생 추모비(기념비) / 명창 유성준 선생 추모비(기념비) / 발산마을 노래비(애향가) / 복내 삼베길쌈소리비(민속음악) / 상동 들노래(민속음악) / 서편제 비조 박유전 선생 기념비(기념비) / 소고당 고단 여사 가사비(친정길)(기타) / 아리랑(민속음악) / 영암 향토가(기타) / 옥씨 종족의 노래(애향가) / 용산마을 노래비(애향가) / 작곡가 정율성 선생 기념비(기념비) / 장산 들노래(민속음악) / 장성군민의 노래(애향가) / 장성의 찬가(애향가) / 전남도민의 노래(애향가) / 진도아리랑(민속음악) / 하의도 민속 연자방아 도리깨놀이(민속음악) / 하의도 상여소리 노래비(민속음악) / 학산 들노래(민속음악) / 황금 들노래(민속음악) / 나하나의 사랑(판각) / 내 고향 정남진(판각) / 우리 애인은 올드미스(판각) / 이별의 종착역(판각) / 즐거운 잔칫날(판각)

제15장 경상북도 *355*

겨울 나무(동요) / 고향의 봄(동요) / 꽃을 든 남자(가요) / 나그네 설움(가요) / 나뭇잎 배(동요) / 내 사랑 군위(가요) / 노들강변(가요) / 누가 누가 잠자나(동요) / 독도는 우리 땅(가요) / 등대지기(동요) / 마음의 자유천지(가요) / 마지막 잎새(가요) / 무너진 사랑탑(가요) / 바다가 육지라면(가요) / 산 넘어 남촌에는(가곡) / 섬집아기(동요) / 성불사의 밤(가곡) / 시계 바늘(가요) / 신라의 달밤(가요) / 안동역에서(가요) / 어린 음악대(동요) / 어머니의 마음(가곡) / 얼룩 송아지(동요) / 영일만 친구(가요) / 외나무다리(가요) / 울릉도는 나의 천국(가요) / 전우야 잘자라(가요) / 초가삼간(가요) / 팔공산아(가요) / 푸른 잔디(동요) / 해 뜰 날(가요) / 향수(가곡) / 황성옛터(가요) /

공갈못 노래비(연꽃 따는 노래)(민속음악) / 국통산 노래비(애향가) / 농암가(민속음악) / 농암가비(민속음악) / 도천수대비가(민속음악) / 명창 박녹주 음악비(기념비) / 모죽지랑가(민속음악) / 문경새재아리랑(민속음악) / 밀양아리랑(민속음악) / 범우리동가비(애향가) / 병곡의 노래(애향가) / 봉현면민의 노래(애향가) / 사벌면민의 노래(애향가) / 산유화가(열녀 향랑 노래비)(민속음악) / 새마을 노래(기타) / 서동요(민속음악) / 신전마을 노래비(애향가) / 아리랑(민속음악) / 충담사 안민가(민속음악) / 영남 선산 파랑새야(민속음악) / 영일군민의 노래(애향가) / 예천아리랑 노래비(민속음악) / 왕태동가비(애향가) / 정선아리랑(민속음악) / 제망매가(민속음악) / 진도아리랑(민속음악) / 찬기파랑가(민속음악) / 처용가(향가)(민속음악) / 청기면민의 노래(애향가) / 팔각모 사나이(군가) / 헌화가(민속음악) / 호미곶 내 고향(애향가) / 화령의노래(애향가)

제16장 경상남도 *399*

가고파(가곡) / 고향의 봄(동요) / 남강의 추억(가요) / 남원 땅에 잠들었네(가요) / 내 고향 마산항(가요) / 내 고향 신월리(가곡) / 눈물 젖은 두만강(가요) / 만날고개(가곡) / 물레방아 도는데(가요) / 밤배(가요) / 비목(가곡) / 산토끼(동요) / 삼천포 아가씨(가요) / 삼포 가는 길(가요) / 상사의 내 하동(가요) / 선구자(가곡) / 섬진강(가요) / 섬진강 탄곡(가요) / 시오리 솔밭길(가요) / 애수의 소야곡(가요) / 어머니(가곡) / 엄마야 누나야(동요) / 옛 동산에 올라(가곡) / 전우야 잘자라(가요) / 찔레꽃(장사익)(가요) / 처녀 뱃사공(가요) / 하동포구 노래비(가요) / 하동포구 아가씨(가요) / 항구의 연인(가요) / 향수(가곡) / 화개장터(가요) / 황포 돛대(가요) /

4H 노래(애향가) / 거제의 노래(애향가) / 고성농요비(민속음악) / 고성의 노래(애향가) / 나의 사랑 대포마을(애향가) / 노리랑가(민속음악) / 마산의 노래(애향가) / 밀양아리랑(민속음악) / 바다로 가자(군가) / 성악가 고 강영중 선생 추모비(기념비) / 송원동민의 노래(애향가) / 시민의 노래(애향가) / 옥씨 종족의 노래(애향가) / 창녕 황토가비(애향가) / 최

후의 결전(독립군가) / 토곡산(기타) / 학교 4H 노래(애향가) / 향토가 노래비(애향가) / 현충일 노래(기타) / 화촌의 노래(애향가) / 남인수 기념비(기타) /

가을(동요) / 거제의 노래(애향가) / 겨울 나무(동요) / 고기잡이(동요) / 고드름(동요) / 고향의 봄(동요) / 과수원 길(동요) / 꼬마 눈사람(동요) / 꽃밭에서(동요) / 나비야(동요) / 노을(동요) / 따오기(동요) / 반달(동요) / 방울새(동요) / 봄나들이(동요) / 봄바람(동요) / 산바람 강바람(동요) / 섬집아기(동요) / 소나무(동요) / 송아지(동요) / 어린이 왈츠(동요) / 어린이 행진곡(동요) / 엄마야 누나야(동요) / 여름 냇가(동요) / 오빠 생각(동요) / 옹달샘(동요) / 우산(동요) / 자전거(동요) / 학교종(동요)

제17장 제주특별자치도 443

감수광(가요) / 내 고향 서귀포(가요) / 떠나가는 배(가곡) / 삼다도 소식(가요) / 서귀포 바닷가(가요) / 서귀포 칠십리(가요) / 서귀포를 아시나요(가요) / 찔레꽃(백난아)(가요) /

새마을 노래(기타) / 육군제1훈련소가(군가) / 출가해녀의 노래(민속음악) / 해녀 노래(민속음악) / 해녀의 노래(민속음악) / 해녀의 뱃노래(민속음악)

색인 456

마포종점

정두수 작사
박춘석 작곡
은방울자매 노래

밤길은 마포종점 갈곳없는 밤전차
비에젖어 너도섰고 갈곳없는 나도섰다
강 건너 영등포에 불빛만 아련한데
돌아오지 않는사람 기다린들 무엇하나
첫사랑 떠나간종점 마포는 서글퍼라

저멀리 당인리에 발전소도 잠든밤
하나둘씩 불을끄고 깊어가는 마포종점
여의도 비행장엔 불빛만 쓸쓸한데
돌아오지 않는사람 생각한들 무엇하나
궂은비 내리는종점 마포는 서글퍼라

제1장
서울특별시

고향의 봄(동요) / 과거를 묻지 마세요(가요) / 과수원 길(동요) /
광화문 연가(가요) / 님 계신 전선(가요) / 단장의 미아리 고개(가요) /
돌아가는 삼각지(가요) / 마포종점(가요) / 바위고개(가곡) / 반달(동요) /
봉숭아(가곡) / 새나라의 어린이(동요) / 서울의 찬가(가요) /
세계의 문 Part1 유년의 끝(가요) / 송파의 노래(가요) / 알뜰한 당신(가요) /
애수의 소야곡(가요) / 어린이날 노래(동요) / 어머니의 마음(가곡) /
영등포의 밤(가요) / 왕십리(가곡) / 울고 넘는 박달재(가요) / 타향살이(가요) /
파란 마음 하얀 마음(동요) / 향수(가곡) / 김광석 노래비(기념비) /
멋진 사나이(군가) / 박태준 박사 찬송비(기념비) /
봉원사가비(애향가) / 시편23편(기타)

서울특별시

고향의 봄

광진구 능동 어린이회관

종로구 송월동 월암근린공원(홍난파기념관)

♪ 이원수 작사 홍난파 작곡

나의 살던 고향은 꽃 피는 산골
복숭아 꽃 살구 꽃 아기 진달래
울긋불긋 꽃대궐 차린 동네
그 속에서 놀던 때가 그립습니다

꽃동네 새동네 나의 옛 고향
파란 들 남쪽에서 바람이 불면
냇가에 수양버들 춤추는 동네
그 속에서 놀던 때가 그립습니다

♪ 동요
고향의 봄

서울특별시

과거를 묻지 마세요

광진구 구의동 거리공원

♪ 정성수 작사   전오승 작곡   나애심 노래

장벽은 무너지고 강물은 풀려
어둡고 괴로웠던 세월도 흘러
끝없는 대지 위에 꽃이 피었네
아 꿈에도 잊지못할 그립던 내 사랑아
한많고 설움많은 과거를 묻지마세요

구름은 흘러가고 설움은 풀려
애닯은 가슴마다 햇빛이 솟아
고요한 저 성당에 종이 울린다
아 흘러간 추억마다 그립던 내 사랑아
얄궂은 운명이여 과거를 묻지마세요

가요 ♪
과거를 묻지 마세요

서울특별시

과수원 길

서대문구 홍제동 홍제근린공원

♪ 박화목 작사   김공선 작곡

동구 밖 과수원 길
아카시아 꽃이 활짝 폈네
하아얀 꽃 이파리
눈송이처럼 날리네
향긋한 꽃냄새가
실바람 타고 솔솔

둘이서 말이 없네
얼굴 마주 보며 생긋
아카시아 꽃 하얗게 핀
먼 옛날의 과수원 길

♪ 동요
과수원 길

서울특별시

광화문 연가

중구 정동 제일교회 앞 사거리

🎵 이영훈 작사   이영훈 작곡   이문세 노래

이제 모두 세월 따라 흔적도 없이 변하였지만

덕수궁 돌담길엔 아직 남아있어요 다정히 걸어가는 연인들

언젠가는 우리 모두 세월을 따라 떠나가지만

언덕 밑 정동 길엔 아직 남아있어요 눈 덮인 조그만 교회당

향긋한 오월의 꽃향기가 가슴 깊이 그리워지면

눈 내린 광화문 네거리 이곳에 이렇게 다시 찾아와요

언젠가는 우리 모두 세월을 따라 떠나가지만

언덕 밑 정동 길엔 아직 남아있어요 눈 덮인 조그만 교회당

가요 🎵
광화문 연가

서울특별시

님 계신 전선

은평구 녹번동 평화공원

손로원 작사   박시춘 작곡   금사향 노래

태극기 흔들며 님이 떠난
새벽정거장 기적이 울었소
만세소리 하늘 높이 들려오던 날
지금은 어느 전선 어느 곳에서
지금은 어느 전선 어느 곳에서
용감하게 싸우시나
님이여 건강하소서~

두 손을 붙잡고 님의 축복
빌던 정거장 햇빛도 밝았소
파도치는 깃발 아래 헤어지던 날
지금은 어느 전선 어느 곳에서
지금은 어느 전선 어느 곳에서
용감하게 싸우시나
님이여 건강하소서~

 가요
님 계신 전선

단장의 미아리고개

성북구 돈암동 미아리예술극장 앞

반야월 작사　이재호 작곡　이해연 노래

미아리 눈물고개 임이 넘던 이별고개
화약 연기 앞을 가려 눈 못 뜨고 헤매일 때
당신은 철사줄로 두 손 꼭꼭 묶인 채로
뒤 돌아보고 또 돌아보고 맨발로 절며 절며
끌려 가신 이 고개여 한 많은 미아리 고개

아빠를 그리다가 어린 것은 잠이 들고
동지 섣달 기나긴 밤 북풍 한설 몰아칠 때
당신은 감옥살이 그 얼마나 고생을 하오
십년이 가도 백년이 가도 살아만 돌아오소
울고 넘던 이 고개여 한 많은 미아리 고개

서울특별시

돌아가는 삼각지

용산구 한강로1가 지하철 삼각지역 소공원

이인선, 배상태 작사   배상태 작곡   배 호 노래

삼각지 로타리에 궂은 비는 오는데　　삼각지 로타리를 헤메도는 이 발길
잃어버린 그 사람을 아쉬워하며　　　　떠나버린 그 사랑을 그리워하며
비에 젖어 한숨짓는 외로운 사나이가　　눈물 젖어 불러보는 외로운 사나이가
서글피 찾아왔다 울고 가는 삼각지　　　남몰래 찾아왔다 돌아가는 삼각지

♪ 가요
돌아가는 삼각지

서울특별시

마포종점

마포구 도화동 복사꽃어린이공원

♪ 정두수 작사 박춘석 작곡 은방울자매 노래

밤 깊은 마포종점 갈 곳 없는 밤전차
비에 젖어 너도 섰고 갈 곳 없는 나도 섰다
강 건너 영등포에 불빛만 아련한데
돌아오지 않는 사람 기다린들 무엇하나
첫사랑 떠나간 종점 마포는 서글퍼라

저 멀리 당인리에 발전소도 잠든 밤
하나 둘씩 불을 끄고 깊어가는 마포 종점
여의도 비행장엔 불빛만 쓸쓸한데
돌아오지 않는 사람 생각하면 무엇하나
궂은비 내리는 종점 마포는 서글퍼라

가요 ♪
마포종점

서울특별시

바위고개

강북구 우의동 솔밭근린공원

이홍렬 작시   이홍렬 작곡

바위고개 언덕을 혼자 넘자니
옛 님이 그리워 눈물납니다
고개 뒤에 숨어서 기다리던 님
그리워 그리워 눈물 납니다

바위고개 핀 꽃 진달래 꽃은
우리 님이 즐겨 즐겨 꺾어 주던 꽃
님은 가고 없어도 잘도 피었네
님은 가고 없어도 잘도 피었네

♪ 가곡
바위고개

서울특별시

반달

강북구 우의동 솔밭근린공원

종로구 경운동 서울교동초등학교

광진구 능동 서울어린이대공원

♪ 윤극영 작사   윤극영 작곡

푸른 하늘 은하수 하얀 쪽배엔   은하수를 건너서 구름 나라로
계수나무 한나무 토끼 한 마리   구름나라 지나선 어디로 가나
돛대도 아니 달고 삿대도 없이   멀리서 반짝반짝 비추이는 건
가기도 잘도 간다 서쪽 나라로   샛별 등대란다 길을 찾아라

동요 ♪
반달

서울특별시

봉숭아

종로구 송월동 월암근린공원 (홍난파기념관)

♬ 김형준 작시 홍난파 작곡

울밑에 선 봉선화야 네 모양이 처량하다
길고 긴 날 여름철에 아름답게 꽃필 적에
어여쁘신 아가씨들 너를 반겨 놀았도다

어언간에 여름가고 가을바람 솔솔 불어
아름다운 꽃송이를 모질게도 침노하니
낙화로다 늙어졌다 네 모양이 처량하다

북풍한설 찬바람에 네 형체가 없어져도
평화로운 꿈을 꾸는 너의 혼은 예있으니
화창스런 봄바람에 환생키를 바라노라

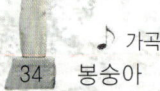
♪ 가곡
봉숭아

서울특별시

새나라의 어린이

광진구 능동 서울어린이대공원

윤석중 작사   박태준 작곡

새 나라의 어린이는 일찍 일어납니다
잠꾸러기 없는 나라 우리나라 좋은 나라
새 나라의 어린이는 서로 서로 돕습니다
욕심장이 없는 나라 우리나라 좋은 나라
새 나라의 어린이는 거짓말을 안합니다
서로 믿고 사는 나라 우리나라 좋은 나라

새 나라의 어린이는 쌈을 하지 않습니다
정답게들 사는 나라 우리나라 좋은 나라
새 나라의 어린이는 몸이 튼튼합니다
무럭무럭 크는 나라 우리나라 좋은 나라

동요
새나라의 어린이

서울의 찬가

종로구 세종로 세종로공원

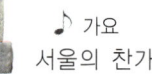 길옥윤 작사 길옥윤 작곡 패티김 노래

종이 울리네 꽃이 피네 새들의 노래 웃는 그 얼굴
그리워라 내 사랑아 내 곁을 떠나지 마오
처음 만나서 사랑을 맺은 정다운 거리 마음의 거리
아름다운 서울에서 서울에서 살으렵니다

봄이 또 오고 여름이 가고 낙엽은 지고 눈보라 쳐도
변함없는 내 사랑아 내 곁을 떠나지 마오
헤어져 멀리 있다 하여도 내 품에 돌아오라 그대여
아름다운 서울에서 서울에서 살으렵니다

♪ 가요
서울의 찬가

서울특별시

세계의 문 Part1 유년의 끝

강북구 번동 북서울 꿈의 숲

♪ 신해철 작사 신해철 작곡 신해철 노래

흙먼지 자욱한 찻길을 건너
숨 가쁘게 언덕길을 올라가면
단추공장이 내려다보이는
아카시아 나무 아래에
너는 나를 기다리고 있었다

구멍가게 앞 복개천 공사장까지가
우리가 알고 있던 세계의 전부였던 시절
뿌연 매연 사이로 보이는 세상을
우리는 가슴 두근거리며 동경했었다

이제,
타협과 길들여짐에 대한
약속을 통행세로 내고
나는 세계의 문을 지나왔다

그리고 너는
다시는 돌아갈 수 없는 문의 저편,
내 유년의 끝 저편에 남아있다

가요 ♪
세계의 문 Part1 유년의 끝

서울특별시

송파의 노래

송파구 잠실동 송파문화원

🎵 최송학 작사   차태일 작곡   남 진 노래

자랑스런 한성백제 오백년 역사와 숨결이 살아숨쉬고

몽촌토성 망월봉에 우뚝솟은 푸른 소나무

정기를 이어받은 송파구로

앞서가는 송파구 송파구로 오세요

한강의 잠실벌 석촌호수엔

연인들의 사랑이야기 노래하고

영원히 찬란한 문화의 꽃을 피우자

자랑스런 이곳 아름다운 송파구에 살리라

🎵 가요
송파의 노래

서울특별시

알뜰한 당신

노원구 중계동 당현천변

조명암 작사   전수린 작곡   황금심 노래

울고 왔다 울고 가는 설운 사정을
당신이 몰라주면 누가 알아주나요
알뜰한 당신은 알뜰한 당신은
무슨 까닭에 모른 척하십니까요

만나면 사정하자 먹은 마음을
울어서 당신 앞에 하소연할까요
알뜰한 당신은 알뜰한 당신은
무슨 까닭에 모른 척하십니까요

서울특별시

애수의 소야곡

강북구 번동 북서울 꿈의 숲

이부풍 작사   박시춘 작곡   남인수 노래

운다고 옛 사랑이 오리오만은
눈물로 달래보는 구슬픈 이 밤
고요히 창을 열고 별빛을 보면
그 누가 불어주나 휘파람 소리

차라리 잊으리라 맹세하건만
못생긴 미련인가 생각하는 밤
가슴에 손을 얹고 눈을 감으면
애타는 숨결마저 싸늘하구나

무엇이 사랑이고 청춘이던가
모두 다 흘러가면 덧없건마는
외로이 느끼면서 우는 이 밤은
바람도 문풍지에 애달프구나

♪ 가요
애수의 소야곡

어린이날 노래

종로구 경운동 서울교동초등학교

♪ 윤석중 작사 윤극영 작곡

날아라 새들아 푸른 하늘을
달려라 냇물아 푸른 벌판을
오월은 푸르구나 우리들은 자란다
오늘은 어린이 날 우리들 세상

우리가 자라면 나라의 일꾼
손잡고 나가자 서로 정답게
오월은 푸르구나 우리들은 자란다
오늘은 어린이 날 우리들 세상

서울특별시

어머니 마음

강남구 중동고등학교 앞

 양주동 작사　이흥렬 작곡

나실제 괴로움 다 잊으시고
기를제 밤낮으로 애쓰는 마음
진자리 마른자리 갈아뉘우며
손발이 다 닳도록 고생하시네
하늘아래 그 무엇이 넓다 하오리
어머님의 희생은 가이없어라

어려선 안고업고 얼러주시고
자라선 문 기대어 기다리는맘
앓을사 그릇될사 자식 생각에
고우시던 이마위에 주름이 가득
땅위에 그 무엇이 높다하오리
어머님의 정성은 지극하여라

사람의 마음속의 온가지 소원
어머님의 마음속엔 오직 한가지
아낌없이 일생을 자식 위하여
살과 뼈를 깎아서 바치는 마음
인간의 그 무엇이 거룩하오리
어머님의 사랑은 그지 없어라

♪ 가곡
어머니 마음

서울특별시

영등포의 밤

영등포구 영등포동 타임스퀘어 문화광장

♪ 라 희 작사 김부해 작곡 오기택 노래

궂은 비 하염없이 쏟아지는 영등포의 밤   가슴을 파고드는 추억어린 영등포의 밤
내 가슴에 안겨 오든 사랑의 불길   영원 속에 스쳐 오든 사랑의 불꽃
고요한 적막 속에 빛나던 그대 눈동자   흐르는 불빛 속에 아련한 그대의 모습
아 영원히 잊지 못할 영등포의 밤이여   아 영원히 잊지 못할 영등포의 밤이여

서울특별시

왕십리

성동구 행당동 왕십리역 광장

♪ 김소월 작시 김연준 외 작곡

비가 온다
오누나
오는 비는 올지라도
한 닷새 왔으면 좋지

여드레 스무날엔 온다고 하고
초하루 삭망이면 간다고 했지
가도 가도 왕십리 비가 오네

웬걸 저 새야
울려거든
왕십리 건너가서 울어나 다고
비 맞아 나른해서 벌새가 운다

천안에 삼거리 실버들도
촉촉히 젖어서 늘어졌다데

비가 와도
한 닷새 왔으면 좋지
구름도 산마루에 걸려서 운다

♪ 가곡
왕십리

울고넘는 박달재

금천구 독산동 금천체육공원

♪ 반야월 작사 김교성 작곡 박재홍 노래

천둥산 박달재를 울고넘는 우리 님아
물항라 저고리가 궂은 비에 젖는구나
왕거미 집을 짓는 고개마다 구비마다
울었오 소리쳤오 이 가슴이 터지도록

부엉이 우는 산골 나를 두고 가는 님아
돌아올 기약이나 성황님께 빌고 가소
도토리 묵을 싸서 허리춤에 달아주며
한사코 우는구나 박달재의 금봉이야

박달재 하늘고개 울고 넘는 눈물고개
돌뿌리 걷어차며 돌아서는 이별길아
도라지 꽃이 피는 고개마다 구비마다
금봉아 불러보나 산울림만 외롭구나

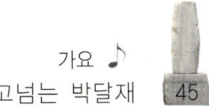

서울특별시

타향살이

노원구 중계동 당현천변

김능인 작사   손목인 작곡   고복수 노래

1) 타향살이 몇 해 던가 손꼽아 헤어보니
   고향 떠난 십 여년에 청춘만 늙어

2) 부평같은 이 내 신세 혼자도 기막혀서
   창문열고 바라보니 하늘은 저쪽

3) 고향앞에 버드나무 올봄도 푸르련만
   호들기를 꺾어 불던 그때는 옛날

4) 타향이라 정이 들면 내 고향 되는것을
   가도그만 와도그만 언제나 타향

♪ 가요
타향살이

서울특별시

파란마음 하얀마음

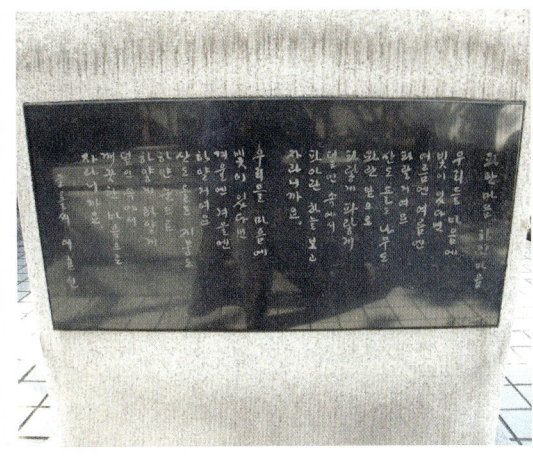

종로구 경운동 서울교동초등학교

어효선 작사 한용희 작곡

우리들 마음에 빛이 있다면
여름엔 여름엔 파랄 거여요
산도 들도 나무도 파란 잎으로
파랗게 파랗게 덮인 속에서
파아란 하늘보고 자라니까요

우리들 마음에 빛이 있다면
겨울엔 겨울엔 하얄 거여요
산도 들도 지붕도 하얀 눈으로
하얗게 하얗게 덮인 속에서
깨끗한 마음으로 자라니까요

동요 ♪
파란마음 하얀마음

서울특별시

향수

강남구 대치동 휘문고 교정

정지용 시   김희갑 작곡   이동원, 박인수 노래

넓은 벌 동쪽 끝으로

옛 이야기 지줄대는 실개천이 휘돌아 나가고

얼룩백이 황소가

해설피 금빛 게으른 울음을 우는 곳

그 곳이 차마 꿈엔들 잊힐리야

질화로에 재가 식어지면

비인 밭에 밤바람 소리 말을 달리고

가곡
향수

엷은 졸음에 겨운 늙으신 아버지가
짚베개를 돋아 고이시는 곳
그 곳이 차마 꿈엔들 잊힐리야

흙에서 자란 내 마음
파아란 하늘 빛이 그리워
함부로 쏜 화살을 찾으려
풀섶 이슬에 함초롬 휘적시던 곳
그 곳이 차마 꿈엔들 잊힐리야

전설바다에 춤추는 밤물결 같은
검은 귀밑머리 날리는 어린 누이와
아무렇지도 않고 예쁠 것도 없는
사철 발벗은 아내가
따가운 햇살을 등에 지고 이삭 줍던 곳
그 곳이 차마 꿈엔들 잊힐리야

하늘에는 성근 별
알 수도 없는 모래성으로 발을 옮기고
서리 까마귀 우지 짖고 지나가는
초라한 지붕
흐릿한 불빛에 돌아 앉아 도란도란 거리는 곳
그 곳이 차마 꿈엔들 잊힐리야

서울특별시

김광석 노래비

종로구 동숭동 학전블루소극장 앞

멋진 사나이 (군가)

강북구 번동 오동근린공원

박태준 박사 찬송비

중구 남대문로 남대문교회

봉원사가비

서대문구 봉원동 봉원사

시편23

용산구 동자동 서울성남교회

♪ 기타

한국의노래비

돌아와요 부산항에

작사 황선우
작곡 황선우
노래 조용필

1. 꽃피는 동백섬에 봄이 왔건만
   형제떠난 부산항에 갈매기만 슬피우네
   오륙도 돌아가는 연락선마다
   목메여 불러봐도 대답없는 내 형제여
   돌아와요 부산항에 그리운 내 형제여

2. 가고파 목이메여 부르던 이 거리는
   그리워서 헤매이던 긴긴날의 꿈이었지
   언제나 말이없는 저 물결들도
   부딪쳐 슬퍼하며 가는 길을 막았었지
   돌아왔다 부산항에 그리운 내 형제여

건립
부산을 가꾸는 모임
1994.5.7

조각·김정명

제2장 부산광역시

경상도 아가씨(가요) / 과수원 길(동요) / 굳세어라 금순아(가요) / 그네(가곡) /
기다리는 마음(가곡) / 나뭇잎 배(동요) / 내 고향은 가덕도(가요) / 노을(동요) /
돌아와요 부산항에(가요) / 동백 아가씨(가요) / 보리밭(가곡) / 부산 갈매기(가요) /
산넘어 남촌에는(가곡) / 선구자(가곡) / 숲속을 걸어요(동요) /
엄마야 누나야(동요) / 용궁사의 밤(가요) / 태종대(가요) / 해운대 엘레지(가요) /
향기 품은 군사우편(가요) / HLKU의 노래(부산 MBC 사가)(애향가) /
감전 애향가비(애향가) / 덕내골 풍물타령(민속음악) /
부산의료원 병원가(애향가) / 부산진구의 노래(애향가) / 성악가 고태 /
국 음악비(기념비) / 영도찬가(애향가) / 오태균 음악비(기념비) /
옥샘 오솔길(애향가) / 인생(사노라면) /
장전마을 노래비(애향가) / 정과정곡(민속음악) / 차성가(민속음악) /
태평사(민속음악) / 헌화가(민속음악)

부산광역시

경상도 아가씨

중구 중앙동 40계단

손로원 작사   이재호 작곡   박재홍 노래

사십계단 층층대에 앉아우는 나그네
울지말고 속 시원히 말 좀 하세요
피난살이 처량스러 동정하는 판자집에
경상도 아가씨가 애처로워 묻는구나
그래도 대답없이 슬피우는 이북고향
언제 가려나

고향길이 틀 때까지 국제시장 거리에
담배장사 하더래도 살아보세요
정이 들면 부산항도 내가 살던 정든 산천
경상도 아가씨가 두 손목을 잡는구나
그래도 뼈에 맺힌 내 고장이 이북고향
언제 가려나

영도다리 난간위에 조각달이 뜨거든
안타까운 고향얘기 들려 주세요
복사꽃이 피던 날 밤 옷소매를 부여잡던
경상도 아가씨가 서러워서 우는구나
그래도 잊지 못할 가고 싶은 이북 고향
언제 가려나

♪ 가요
경상도 아가씨

부산광역시

과수원 길

북구 금곡동 한솔아파트

♪ 박화목 작사 김공선 작곡

동구밖 과수원길 아카시아 꽃이 활짝 폈네

하이얀 꽃 이파리 눈송이처럼 날리네

향긋한 꽃냄새가 실바람 타고 솔솔솔

둘이서 말이 없네 얼굴 마주보며 쌩긋

아카시아꽃 하얗게 핀 먼 옛날의 과수원길

부산광역시

굳세어라 금순아

영도구 대교동 영도대교 입구

서구 암남동 송도해수욕장 현인광장

강사랑 작사   박시춘 작곡   현 인 노래

눈보라가 휘날리는 바람 찬 흥남 부두에
목을 놓아 불러봤다 찾아를 봤다
금순아 어디로 가고 길을 잃고 헤매였더냐
피눈물을 흘리면서 일사이후 나 홀로 왔다

철의 장막 모진 설움 받고서 살아를 본들
천지간에 너와 난데 변함 있으랴
금순아 굳세어다오 북진 통일 그날이 오면
손을 잡고 웃어보자 얼싸안고 춤도 춰보자

일가친척 없는 몸이 지금은 무엇을 하나
이 내 몸은 국제시장 장사치기다
금순아 보고 싶구나 고향 꿈도 그리워질때
영도다리 난간 위에 초생달만 외로이 떴다

가요
굳세어라 금순아

부산광역시

그네

강서구 녹산 배수펌프장

강서구 대저동 낙동강 제방

🎵 김말봉 작시 금수현 작곡

세모시 옥색치마 금박물린 저 댕기가
창공을 차고나가 구름 속에 나부낀다
제비도 놀란 양 나래 쉬고 보더라

한 번 구르니 나무 끝에 아련하고
두 번을 거듭 차니 사바가 발 아래라
마음의 일만 근심은 바람이 실어가네

가곡 🎵
그네

부산광역시

기다리는 마음

서구 암남동 암남공원 입구

♪ 김민부 작시 장일남 작곡

일출봉에 해 뜨거든 날 불러주오
월출봉에 달 뜨거든 날 불러주오
기다려도 기다려도 님 오지 않고
빨래 소리 물레 소리에 눈물 흘렸네

봉덕사에 종 울리면 날 불러주오
저 바다에 바람 불면 날 불러주오
기다려도 기다려도 님 오지 않고
파도 소리 물새 소리에 눈물 흘렸네

나뭇잎 배

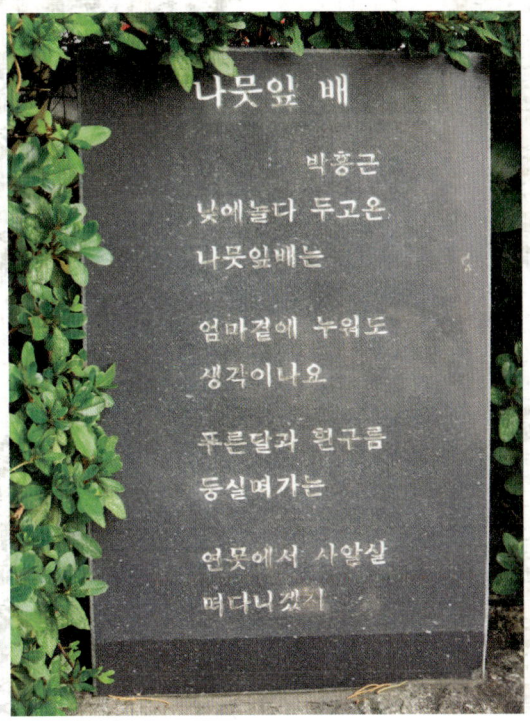

북구 금곡동 한솔아파트

♪ 박홍근 작사 윤용하 작곡

낮에 놀다 두고 온 나뭇잎 배는
엄마 곁에 누워도 생각이 나요
푸른 달과 흰 구름 둥실 떠가는
연못에서 사알 살 떠다니겠지

연못에다 띄워 논 나뭇잎 배는
엄마 곁에 누워도 생각이 나요
살랑살랑 바람에 소곤거리는
갈잎 새를 혼자서 떠다니겠지

동요 ♪
나뭇잎 배

부산광역시

내 고향은 가덕도

강서구 가덕도 대항전망대

강서구 가덕도 영주암

 남기남 작사   남기남 작곡   함중아 노래

연대봉 산허리에 실안개 휘감기면
등대불도 수줍어서 깜빡 깜빡 웃는데
굴따는 아가씨의 노래소리 정다운
동백꽃 아름다운 내 고향은 가덕도

세바지 바람벽에 파도가 부디치면
물결위에 흩어지는 무지개도 예쁜데
사공의 흥타령에 갈매깃도 춤을 추는
뱃길의 이정표다 내 고향은 가덕도

대항포 앞바다에 숭어떼 춤을 추면
신이 난 어부들의 손놀림도 바쁜데
천성골 옛성터에 바위꽃도 곱구나
영주암 쇠북소리 내 고향은 가덕도

♪ 가요
내 고향은 가덕도

부산광역시

노을

북구 금곡동 한솔아파트

이동진 작사   안호철 작곡

바람이 머물다 간 들판에
모락모락 피어나는 저녁 연기
색동옷 갈아입은 가을 언덕에
빨갛게 노을이 타고 있어요

허수아비 팔 벌려 웃음짓고
초가 지붕 둥근 박 꿈꿀 때
고개숙인 논밭의 열매
노랗게 익어만 가는

가을 바람 머물다 간 들판에
모락모락 피어나는 저녁 연기
색동옷 갈아입은 가을 언덕에
붉게 물들어 타는 저녁놀

동요
노을

부산광역시

돌아와요 부산항에

해운대구 해운대해수욕장 입구 송림공원

♪ 황선우 작사 황선우 작곡 조용필 노래

꽃피는 동백섬에 봄이 왔건만
형제 떠난 부산항에 갈매기만 슬피우네
오륙도 돌아가는 연락선마다
목메어 불러 봐도 대답없는 내 형제여
돌아와요 부산항에 그리운 내 형제여

가고파 목이 메어 부르던 이 거리는
그리워서 헤매이던 긴긴 날의 꿈이었지
언제나 말이 없는 저 물결들도
부딪쳐 슬퍼하며 가는 길을 막았었지
돌아왔다 부산항에 그리운 내 형제여

♪ 가요
돌아와요 부산항에

동백 아가씨

해운대구 우2동 대로변

♪ 한산도 작사   백영호 작곡   이미자 노래

헤일 수 없이 수 많은 밤을
내 가슴 도려내는 아픔에 겨워
얼마나 울었던가 동백 아가씨
그리움에 지쳐서 울다 지쳐서
꽃잎은 빨갛게 멍이 들었소

동백꽃잎에 새겨진 사연
말못할 그 사연을 가슴에 묻고
오늘도 기다리는 동백 아가씨
가신님은 그 언제 그 어느 날에
외로운 동백꽃 찾아 오려나

보리밭

중구 남포동 자갈치시장 친수공원

박화목 작시 윤용하 작곡

보리밭 사잇길로 걸어가면

뉘 부르는 소리 있어 나를 멈춘다

옛 생각이 외로워 휘파람 불면

고운 노래 귓가에 들려온다

돌아보면 아무도 뵈이지 않고

저녁놀 빈 하늘만 눈에 차누나

♪ 가곡
보리밭

부산광역시

부산갈매기

남구 용호동 오륙도 등대섬

♫ 김중순 작사   김중순 작곡   문성재 노래

지금은 그 어디서 내 생각 잊었는가
꽃처럼 어여뻐 그 이름도 고왔던 순이 순이야
파도치는 부둣가에 지나간 일들이
가슴에 남았는데
부산 갈매기 부산 갈매기 너는 정녕 나를 잊었나

지금은 그 어디서 내 모습 잊었는가
꽃처럼 어여뻐 그 이름도 고왔던 순이 순이야
그리움이 물결치면 오늘도 못 잊어
네 이름 부르는데
부산 갈매기 부산 갈매기 너는 벌써 나를 잊었나

가요 ♪
부산갈매기

부산광역시

산 넘어 남촌에는

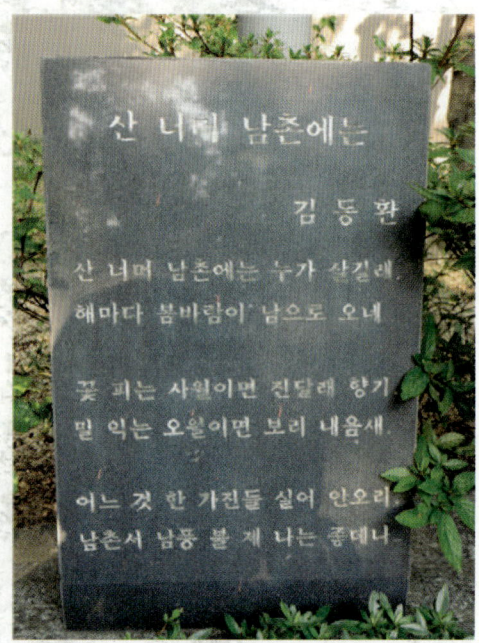

북구 금곡동 한솔아파트

♪ 김동환 작시   김규환 박찬석 작곡

산 너머 남촌에는 누가 살길래
해마다 봄바람이 남으로 오네
꽃피는 사월이면 진달래 향기
밀 익는 오월이면 보리 내음새
어느 것 한 가진들 실어 안오리
남촌서 남풍 불 제 나는 좋데나

산 너머 남촌에는 누가 살길래
저 하늘 저 빛깔이 저리 고울까
금잔디 너른 벌엔 호랑나비 떼
버들밭 실개천엔 종달새 노래
어느 것 한 가진들 들려 안오리
남촌서 남풍 불 제 나는 좋데나

산 너머 남촌에는 배나무 있고
배나무 꽃 아래엔 누가 섰다기
그리운 생각에 재에 오르니
구름에 가리어 아니 보이네
끊었다 이어오는 가는 노래는
바람을 타고서 고이 들리네

♪ 가곡
산 넘어 남촌에는

선구자

영도구 동삼동 광명고등학교 교정

♪ 윤해영 작시   조두남 작곡

일송정 푸른 솔은 늙어 늙어 갔어도
한 줄기 해란강은 천년 두고 흐른다
지난 날 강가에서 말 달리던 선구자
지금은 어느 곳에 거친 꿈이 깊었나

용두레 우물가에 밤새소리 들릴 때
뜻 깊은 용문교에 달빛 고이 비친다
이역하늘 바라보며 활을 쏘던 선구자
지금은 어느 곳에 거친 꿈이 깊었나

용주사 저녁종이 비암산에 울릴 때
사나이 굳은 마음 깊이 새겨 두었네
조국을 찾겠노라 맹세하던 선구자
지금은 어느 곳에 거친 꿈이 깊었나

숲 속을 걸어요

북구 금곡동 한솔아파트

유종슬 작사   정연택 작곡

숲 속을 걸어요
산새들이 속삭이는 길
숲 속을 걸어요
꽃향기가 그윽한 길
햇님도 쉬었다 가는 길
다람쥐가 넘나드는 길
정다운 얼굴로
우리 모두 숲 속을 걸어요

숲 속을 걸어요
맑은 바람 솔바람 이는
숲 속을 걸어요
도랑물이 노래하는 길
달님도 쉬었다 가는 길
산노루가 넘나드는 길
웃음 띤 얼굴로
우리 모두 숲 속을 걸어요

동요
숲 속을 걸어요

부산광역시

엄마야 누나야

북구 금곡동 한솔아파트

♪ 김소월 작사　안성현·김광수 작곡

엄마야 누나야 강변 살자
들에는 반짝이는 금모래 빛
뒷문 밖에는 갈잎의 노래
엄마야 누나야 강변 살자

엄마야 누나야 강변 살자
들에는 반짝이는 금 모래빛
뒷문 밖에는 갈잎의 노래
엄마야 누나야 강변 살자

동요 ♪
엄마야 누나야

부산광역시

용궁사의 밤

기장읍 시랑리 해동 용궁사

♪ 정암스님 작사   배신영 작곡   최유나 노래

파도소리 철석 철석 밀려오는 용궁사에
수도승의 염불인가 용녀의 하소연인가
백팔계단 석불전에 슬피우는 여인은
꿈같은 첫사랑도 떠나버린 그 사람도
속세에 다 묻어놓고 백일정성 올리는데
아~ 밤 깊은 용궁사에 풍경소리 나를 울리네

달빛만 고요히 흐르는 용궁사에
무슨 사연 그리 많아 이 한밤을 지새우나
백팔계단 석불전에 슬피우는 여인은
꿈같은 그 시절도 사랑했던 그 사람도
속세에 다 묻어놓고 백일정성 올리는데
아~ 밤 깊은 용궁사에 풍경소리 나를 울리네

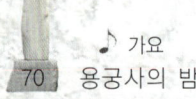

태종대

영도구 태종대유원지 입구

정규문 작사 김리화 작곡 황원태 노래

남빛바다 은빛물결 그림 같은 감지해변
언제 봐도 아름다운 여기는 부산 영도 태종대
연인들 쌍쌍이 조약돌 밟으며 사랑을 노래하는 곳
붉게 타는 동백꽃이 나를 부르네
추억이 있고 낭만이 있는 태종대 내 사랑아

파도치는 몽돌해변 둘이 걷던 동백꽃 길
언제 봐도 아름다운 여기는 부산 영도 태종대
수많은 사람들 추억을 만들고 낭만이 물결치는 곳
저 갈매기 울어울어 잊지 말라네
추억이 있고 낭만이 있는 태종대 내 사랑아

부산광역시

해운대 엘레지

해운대구 해운대해수욕장 송림공원

한산도 작사 백영호 작곡 손인호 노래

언제까지나 언제까지나 헤어지지 말자고
맹세를 하고 다짐을 하던 너와 내가 아니냐
세월이 가고 너도 또 가고 나만 혼자 외로이
그 때 그 시절 그리운 시절 못잊어 내가 운다

백사장에서 동백섬에서 속삭이던 그 말이
오고 또 가는 바닷물 타고 들려오네 지금도
이제는 다시 두 번 또 다시 만날 길이 없다면
못난 미련을 던져버리자 저 바다 멀리 멀리

울던 물새도 어디로 가고 조각달도 기울고
바다마저도 잠이 들었나 밤이 깊은 해운대
나도 가련다 떠나가련다 아픈 마음 안고서
정든 백사장 정든 동백섬 안녕히 잘 있거라

가요
해운대 엘레지

부산광역시

향기품은 군사우편

기장군 장안읍 장안신기솔밭 쌈지공원

♪ 박금호 작사 나화랑 작곡 유춘산 노래

행주 치마 씻은 손에 받은 님 소식은
능선의 향기 품고 그대의 향기 품어
군사우편 적혀 있는 전선 편지네
전해주던 배달부가 싸리문도 못가서
북받치는 기쁨에 나는 울었소

돌아가는 방앗간에 받은 님 소식은
충성의 향기 품고 그대의 향기 품어
군사우편 적혀 있는 전선 편지네

옛추억도 돌아갔소 얼룩진 한자두자
방앗간의 수레도 같이 울었소

밤이 늦은 공장에서 받은 님 소식은
고지의 향기 품고 그대의 향기 품어
군사우편 적혀 있는 전선 편지네
늦은 가을 창너머로 떠오르는 저 달속에
그대 얼굴 비치어 방긋 웃었소

가요 ♪
향기품은 군사우편

부산광역시

HLKU(부산MBC)의 노래

수영구 민락동 부산MBC

감전 애향가비

사상구 감전1동 주민센터 옆

덕내골 풍물타령

북구 덕천동 숙등공원

부산의료원 병원가

연제구 거제동 부산의료원

부산진구의 노래

부산진구 부암동 부산진구청

성악가 고태국 음악비

부산진구 부산어린이대공원

♪ 기타

영도찬가(구민의 노래)

영도구 동삼동 75광장

오태균 음악비

사하구 하단동 에덴공원

옥샘 오솔길

금정구 구서동 동래여고 교정

인생(사노라면)

기장군 기장읍 해동용궁사

장전마을 노래비

기장군 철마면 장전리 마을회관

정과정곡

수영구 망미동 정과정유적지

부산광역시

정과정곡

연제구 수영환경공원

차성가

기장군 기장읍 기장군청앞

태평사

남구 민락동 진조말산 무궁화동산

헌화가

서구 서대신동 대신공원

제3장
대구광역시

과수원 길(동요) / 꽃중의 꽃(가요) / 나팔꽃 인생(가요) / 나팔 불어요(동요) /
능금꽃 피는 고향(가요) / 동무 생각(가곡) / 비 내리는 고모령(가요) /
빨간 마후라(가요) / 김광석 (기념비) / 대구시민의 노래(애향가) / 새싹(기타) /
지구는 보배로운 집(기타) / 초록의 향연(기타)

대구광역시

과수원 길

동구 도동 도동시비공원

박화목 작사   김공선 작곡

동구 밖 과수원 길
아카시아 꽃이 활짝 폈네
하얀 꽃 이파리
눈송이처럼 날리네
향긋한 꽃 냄새가

실바람 타고 솔솔
둘이서 말이 없네
얼굴 마주 보며 쌩긋
아카시아 꽃 하얗게 핀
먼 옛날의 과수원 길

동요
과수원 길

꽃중의 꽃

달서구 대곡동 대구수목원 무궁화원

서일수 작사 황문평 작곡 송민도 노래

꽃중의 꽃 무궁화꽃 삼천만의 가슴에
피었네 피었네 영원히 피었네
백두산 상상봉에 한라산 언덕위에
민족의 얼이 되어 아름답게 피었네

별중의 별 창공의 별 삼천만의 가슴에
빛나네 빛나네 영원히 빛나네
이 강산 온누리에 조국의 하늘 위에
민족의 꽃이 되어 아름답게 빛나네

대구광역시

나팔꽃 인생

달성군 옥포면 기세리 옥연지송해공원

♪ 김병걸 작사 신대성 작곡 송 해 노래

안녕하세요 안녕하세요

일요일의 남자 송해쑝

동서나 남북 없이 발길 닿는대로

바람에 구름 가듯 떠도니 세월이 몇 해이던가

묻지마라 내 가는 길을

구수한 사투리에 이 마음이 녹아들며

나팔꽃 같은 내 인생 풍악 소리 드높이고

안녕하세요 안녕하세요

우리 함께 노래 불러요

♪ 가요
나팔꽃 인생

대구광역시

나팔 불어요

동구 도동 도동시비공원

🎼 김영일 작사   박태현 작곡

해님이 방긋 웃는 이른 아침에
나팔꽃 아가씨 나팔 불어요
잠꾸러기 그만자고 일어나라고
나팔꽃이 또또따따 나팔 불어요

나팔꽃 아가씨는 늦잠도 없지
아침마다 일찍 깨어 나팔 불어요
잠꾸러기 어서어서 일어나라고
나팔꽃이 또또따따 나팔 불어요

동요 ♪
나팔 불어요

대구광역시

능금꽃 피는 고향

동구 아양철교 옆 금호강변

♪ 길옥윤 작사 길옥윤 작곡 패티김 노래

능금꽃 향기로운 내 고향땅은
팔공산 바라보는 해뜨는 거리
그대와 나 여기서 꿈을 꾸었네
아름답고 정다운 꿈을 꾸었네
둘이서 걸어가는 희망의 거리
능금꽃 피고 지는 사랑의 거리
대구는 내 고향 정다운 내 고향

끝없는 그리움을 말하여 주는
금호강 푸른 물은 흘러만 가네
날이 가고 달이 가고 세월이 가도
사모하는 마음은 변치 않으리
둘이서 걸어가는 희망의 거리
능금꽃 피고 지는 사랑의 거리
대구는 내 고향 정다운 내 고향

♪ 가요
능금꽃 피는 고향

동무 생각

중구 동산동 청라언덕

이은상 작시 박태준 작곡

봄의 교향악이 울려 퍼지는
청라언덕 위에 백합 필 적에
나는 흰 나리꽃 향기 맡으며
너를 위해 노래 노래 부른다.
청라언덕과 같은 내 맘에
백합 같은 내 동무야

네가 내게서 피어날 적에
모든 슬픔이 사라진다

비 내리는 고모령

수성구 만천동 고모령입구 망우공원

♫ 호 호 작사 박시춘 작곡 현 인 노래

1) 어머님의 손을 놓고 돌아설 때엔
   부엉새도 울었다오 나도 울었소
   가랑잎이 휘날리는 산마루턱을
   넘어오던 그날 밤이 그리웁고나

2) 맨드라미 피고 지고 몇 해이던가
   물방앗간 뒷전에서 맺은 사랑아
   어이해서 못 잊느냐 망향초 신세
   비 내리는 고모령을 언제 넘느냐

3) 눈물 어린 인생 고개 몇 고개이더냐
   장명등이 깜박이는 주막집에서
   손바닥에 서린 하소 적어 가면서
   오늘 밤도 불러본다 망향의 노래

대구광역시

빨간 마후라

달성군 유가면 유치곤 장군 호국기념관 앞

♪ 한운사 작사 황문평 작곡 쟈니브라더스 노래

빨간 마후라는 하늘의 사나이
하늘의 사나이는 빨간 마후라
빨간 마후라를 목에 두르고
구름따라 흐른다 나도 흐른다
아가씨야 내마음 믿지 말아라
번개처럼 지나갈 청춘이란다

빨간 마후라는 하늘의 사나이
하늘의 사나이는 빨간 마후라
석양을 등에 지고 하늘 끝까지
폭음이 흐른다 나도 흐른다
그까짓 부귀영화 무엇에 쓰랴
사나이 일생을 하늘에 건다

빨간 마후라는 하늘의 사나이
하늘의 사나이는 빨간 마후라
빨간 마후라를 목에 두르고
유성처럼 흐른다 나도 흐른다
부르지 말아다오 내 이름 석자
하늘에 피고지는 사나이란다

가요 ♪
빨간 마후라

대구광역시

김광석 기념비

중구 대봉동 김광석 다시그리기길

대구 시민의 노래

중구 달성동 달성공원

새싹

동구 도동 도동시비동산

지구는 보배로운 집

동구 도동 도동시비동산

초록의 향연

동구 도동 도동시비동산

2·28찬가

중구 공평동 2·28기념중앙공원

 ♪ 기타
한국의노래비

연안부두

작사 조○○
작곡 ○○○
노래 ○○○

1. 어쩌다 한 번 오는 저 배는 무슨 사연
   오는 사람 가는 사람 마음마다 설레게
   꿈을 두고 떠나는 배야 갈매기 우는 마음
   말해다오 말해다오 연안부두 떠나는 배

2. 바람이 불면 파도가 울고 배 떠나면
   안개 속에 가물가물 정든 사람 손을 흔
   연안부두 외로운 불빛 홀로 선 이 마음을
   말해다오 말해다오 연안부두 떠나는 배

연안부두는 아름답고 꿈이 있는 인천 앞바다의 크
백오십여개 섬들과 주변 해역을 이어주는 해상교통
이며, 많은 시민과 관광객이 즐겨 찾는 명소이기도
일찍이 이곳 일대는 바다였습니다. 1960년대 후반
제의 도약과 급증하는 무역량을 소화하기 위해 인천
개발을 하면서 나온 흙으로 매립 조성되었고 이후
환과 면모를 거듭하여 오늘에 이르렀습니다.
이제 새 천년을 눈앞에 두고, 인천의 기상이 황해 무
따라 대륙으로, 세계로 뻗어가고, 시민의 마음과 마음
점으로 다져지며 사랑으로 감싸주어 넓은 대해처럼
가기를 염원하면서 이 노래비를 세우게 되었습니다.
노래말에도 있듯이 이곳 연안부두에 인정의 꽃이 피
의 찬가가 항상 울려퍼지기를 시민 모두와 함께 기원

1999년 9월 30일 글쓴이

제4장
인천광역시

고향의 봄(동요) / 그리운 금강산(가곡) / 눈물의 연평도(가요) /
님 계신 전선(가요) / 비내리는 인천항 부두(가요) / 섬마을 선생님(가요) /
연안부두(가요) / 이별의 인천항(가요) / 배치기 소리(민속음악) /
연꽃이 되었구나(성불가요) / 연평도 고유의 민속소리(민속음악) /
인천시민의 노래(애향가) / 촛불을 켜라(성불가요)

인천광역시

고향의 봄

남동구 장수동 인천대공원

부평구 부평동 부평공원

이원수 작사 홍난파 작곡

나의 살던 고향은 꽃 피는 산골
복숭아꽃 살구꽃 아기 진달래
울긋불긋 꽃 대궐 차리인 동네
그 속에서 놀던 때가 그립습니다

꽃동네 새 동네 나의 옛 고향
파란 들 남쪽에서 바람이 불면
냇가에 수양버들 춤추는 동네
그 속에서 놀던 때가 그립습니다

동요
고향의 봄

인천광역시

그리운 금강산

남동구 구월동 인천종합문화예술회관 앞

강화군 양사면 강화평화전망대

강화군 양도면 건평공원

강화군 화도면 최영섭생가터

♪ 한상억 작시 최영섭 작곡

1) 누구의 주재런가 맑고 고운 산
　그리운 만 이천 봉 말은 없어도
　이제야 자유 만민 옷깃 여미며
　그 이름 다시 부를 우리 금강산

2) 비로봉 그 봉우리 예대로인가
　흰 구름 솔바람도 무심히 가나
　발아래 산해만리 보이지 마라
　우리 다 맺힌 슬픔 풀릴 때까지

3) 기괴한 만물상과 묘한 총석정
　풀마다 바위마다 변함없는가
　구룡폭 안개비와 명경대 물도
　장안사 자고향도 예대로인가

(후렴)
수수만년 아름다운 산 못가본 지 몇몇 해
오늘에야 찾을 날 왔나 금강산은 부른다

가곡 ♪
그리운 금강산

인천광역시

눈물의 연평도

옹진군 연평면 연평도 선착장

옹진군 연평면 연평도 등대공원

김남풍 작사 김부해 작곡 최숙자 노래

조기를 담북잡아 기폭을 올리고
온다던 그 배는 어이하여 아니오나
수평선 바라보며 그 이름 부르면
갈매기도 우는구나 눈물의 연평도

태풍이 원수더냐 한 많은 사라호
황천 간 그 얼굴 언제 다시 만나보리
해 저문 백사장에 그 모습 그리면
등대불만 깜박이네 눈물의 연평도

♪ 가요
눈물의 연평도

인천광역시

님 계신 전선

강화군 선원면 선원사 근처

♪ 손로원 작사 박시춘 작곡 금사향 노래

태극기 흔들며 님이 떠난
새벽정거장 기적이 울었소
만세소리 하늘 높이 들려오던 날
지금은 어느 전선 어느 곳에서
지금은 어느 전선 어느 곳에서
용감하게 싸우시나
님이여 건강하소서

두 손을 붙잡고 님의 축복
빌던 정거장 햇빛도 밝았소
파도치는 깃발 아래 헤어지던 날
지금은 어느 전선 어느 곳에서
지금은 어느 전선 어느 곳에서
용감하게 싸우시나
님이여 건강하소서

인천광역시

비 내리는 인천항 부두

중구 항동 연안부두해양광장

♪ 이인선 작사 라음파 작곡 배 호 노래

보슬비 내리는 인천항부두
오고가는 연락선에 사랑도 운다
기맥힌 사연만 남은 항구야
조수처럼 왔다가 가는 사람아
아 인천항 부두에 비만 내린다

이별도 서러운 인천항부두
떠나가는 뱃머리에 사랑도 운다
갈매기 짝 잃은 인천항구야
고동처럼 울다가 가는 사람아
아 인천항 부두에 비만 내린다

♪ 가요
비 내리는 인천항 부두

인천광역시

섬마을 선생님

옹진군 자월면 대이작도

🎵 이경재 작사 박춘석 작곡 이미자 노래

해당화 피고 지는 섬마을에
철새따라 찾아온 총각선생님
열아홉 살 섬 색시가 순정을 바쳐
사랑한 그 이름은 총각선생님
서울엘랑 가지를 마오 가지를 마오

구름도 쫓겨가는 섬마을에
무엇하러 왔는가 총각선생님
그리움이 별처럼 쌓이는 바닷가에
시름을 달래보는 총각선생님
서울엘랑 가지를 마오 떠나지 마오

가요 🎵
섬마을 선생님

연안부두

중구 항동 연안부두 친수공원

조운파 작사   안치행 작곡   김트리오 노래

어쩌다 한 번 오는 저 배는 무슨 사연 싣고 오길래   바람이 불면 파도가 울고 배 떠나면 나도 운단다
오는 사람 가는 사람 마음마다 설레게 하나   안개 속에 가물 가물 정든 사람 손을 흔드네
부두에 꿈을 두고 떠나는 배야   저무는 연안 부두 외로운 불빛
갈매기 우는 마음 너는 알겠지   홀로 선 이 마음을 달래 주는데
말해 다오 말해 다오 연안 부두 떠나는 배야   말해 다오 말해 다오 연안 부두 떠나는 배야

가요
연안부두

인천광역시

이별의 인천항

중구 북성동 월미도 문화의 거리

세고천 작사   전오승 작곡   박경원 노래

쌍고동이 울어대는 이별의 인천항구
갈매기도 슬피 우는 이별의 인천항구
항구마다 울고 가는 마도로스 사랑인가
정들자 이별의 고동소리 목메어 운다

등대마다 님을 두고 내일은 어느 항구
쓴 웃음진 남아에도 순정은 있다
항구마다 웃고 가는 마도로스 사랑인가
작약도의 등대불만 가물거린다

마도로스 수첩에는 이별도 많은데
오늘밤도 글라스에 맺은 인연을
항구마다 끊고 가는 마도로스 사랑인가
물새들도 눈물짓는 이별의 인천항구

가요 ♪
이별의 인천항

인천광역시

배치기 소리

옹진군 연평면 조기역사관

배치기 소리

옹진군 연평면 연평종합회관 앞

연평도 고유의 민속소리 니나나나

옹진군 연평면 조기역사관 앞

연평도 고유의 민속소리 니나나나

옹진군 연평면 연평종합회관 앞

연꽃이 되었구나 성불가요

강화군 선원면 선원사 앞

인천 시민의 노래

남동구 장수동 인천대공원

촛불을 켜라 성불가요

강화군 선원면 선원사 앞

제5장
광주광역시

영산강 처녀(가요) / 광주 동구민의 노래(애향가) / 광주 시민의 노래(애향가) /
국창 임방울 선생 기념비(기념비)

광주광역시

영산강 처녀

동구 선교동 너릿재공원

🎵 천지엽 작사   송운선 작곡   송춘희 노래

영산강 굽이도는 푸른 물결 다시 오건만
똑딱선 서울 간 님 똑딱선 서울 간 님
기다리는 영산강 처녀
못 믿을 세월 속에 안타까운 청춘만 가네
길이 멀어 못 오시나 오기 싫어 아니 오시나
아~ 푸른 물결 너는 알지 말을 해다오

유달산 산마루에 보름달을 등불을 삼아
오작교 다리 놓고 오작교 다리 놓고
기다리는 영산강 처녀
밤이슬 맞아가며 우리 낭군 얼굴 그리네
서울 색시 고운 얼굴 정이 깊어 아니 오시나
아~ 구곡간장 쌓인 눈물 한이 서리네

🎵 가요
영산강 처녀

동구민의 노래

동구 선교동 너릿재공원

시민의 노래

동구 선교동 너릿재공원

국창 임방울 선생 기념비

광산구 송정공원

제6장 대전광역시

대전부르스(대전 사랑 추억의 노래비)(가요)

대전부르스

동구 정동 대전역광장 (다른 곳으로 옮겨감)

♬ 최치수 작사　김부해 작곡　안정애 노래

잘 있거라 나는 간다 이별의 말도 없이
떠나가는 새벽 열차 대전발 영시 오십분
세상은 잠이 들어 고요한 이 밤
나만이 소리치며 울 줄이야
아아 붙잡아도 뿌리치는 목포행 완행열차

기적소리 슬피 우는 눈물의 플랫트홈
무정하게 떠나가는 대전발 영시 오십분
영원히 변치 말자 맹세했건만
눈물로 헤어지는 쓰라린 심정
아아 보슬비에 젖어가는 목포행 완행열차

♪ 가요
대전부르스

제7장

울산광역시

님(창살 없는 감옥)(가요) / 망부석 여인(가요) / 봄편지(동요) / 울산아리랑(가요) /
울산 큰애기(가요) / 짝사랑(가요) / 타향살이(가요) /
환상의 섬(가요) / 처용가(향가)

울산광역시

님(창살 없는 감옥)

울주군 온양읍 상대리 대운산 입구

♪ 차경철 작사   한복남 작곡   박재란 노래

목숨보다 더 귀한 사랑이건만
창살 없는 감옥 인가 만날 길 없네
왜 이리 그리운지 보고 싶은지
못 맺을 운명 속에 몸부림치는
병들은 내 가슴에 비가 내린다

서로 만나 헤어진 이별이건만
맺지 못할 운명인 걸 어이 하려나
쓰라린 내 가슴은 눈물에 젖어
애달피 울어 봐도 맺지 못할걸
차라리 잊어야지 잊어야하나

♪ 가요
님(창살 없는 감옥)

울산광역시

망부석 여인

울주군 두동면 박제상유적지

김영달 작사   한기철 작곡   배주리 노래

치술령 망부석에 흰 구름 지나가면
바람 속 들려오는 여인의 그리움이
동해바다 저 멀리서 아련히 피어오네
굽이치는 저 물결아 우리 님 언제 오나
산새야 너도 가서 내 님 좀 데려오렴
그리운 내 님이여 언제쯤 오시려나
망부석 여인은 오늘도 기다린다네

치술령 망부석에 아침 해 떠오르면
밤새워 애태우던 여인의 기다림이
동해바다 저 멀리서 아련히 피어오네
굽이치는 저 물결아 우리 님 언제 오나
산새야 훨훨 날아 소식 좀 전해주렴
그리운 내 님이여 언제쯤 오시려나
망부석 여인은 오늘도 기다린다네

봄편지

중구 학성동 학성공원

중구 다운동 입화산

중구 복산동 서덕출공원

서덕출 작사 윤극영 외 작곡

연못가에 새로 핀
버들잎을 따서요.

우표 한 장 붙여서
강남으로 보내면,

작년에 간 제비가
푸른 편지 보고요,

조선 봄이 그리워
다시 찾아옵니다

♪ 동요
봄편지

울산광역시

울산아리랑

중구 남외동 울산종합운동장

 오은정 작사 김정일 작곡 오은정 노래

운무를 품에 안고 사랑 찾는 무룡산아
산딸기 머루 다래 따다주던 그 손길
앵두같은 내 입술에 그 이름 새겨놓고
꿈을 찾아 떠난 사람아
둘이서 거닐던 태화 강변엔
대나무 숲들은 그대로인데
어느 곳에 정을 두고 나를 잊었나
나를 나를 잊었나
돌아온단 그 약속에 내 청춘이 시든다
까치들이 울어주니 님 오시려나
아~ 울산아리랑

석양을 품에 안고 사랑 찾는 문수산아
산딸기 머루 다래 따다주던 그 손길
배꽃같은 내 가슴에 그리움 물들이고
꿈을 찾아 떠난 사람아
둘이서 거닐던 정자 바닷가
하얀 파도는 그대로인데
어느 곳에 정을 두고 나를 잊었나
나를 나를 잊었나
돌아온단 그 약속에 내 청춘이 시든다
까치들이 울어주니 님 오시려나
아~ 울산아리랑

울산광역시

울산 큰 애기

울주군 서생면 대송리 간절곶 근처

♩ 탁소연 작사 나화랑 작곡 김상희 노래

내 이름은 경상도 울산 큰 애기
상냥하고 복스런 울산 큰 애기
서울 간 삼돌이가 편지를 보냈는데
서울에는 어여쁜 아가씨도 많지만
울산이라 큰 애기 제일 좋대나
나도야 삼돌이가 제일 좋더라

내 이름은 경상도 울산 큰 애기
다정하고 순진한 울산 큰 애기
서울 간 삼돌이가 편지를 보냈는데
성공할 날 손꼽아 기다리어 준다면
좋은 선물 한아름 안고 온대나
그래서 삼돌이가 제일 좋더라

♪ 가요
울산 큰 애기

짝사랑

중구 다운동 입화산

박영호 작사   손목인 작곡   고복수 노래

아아 으악새 슬피 우니 가을인가요
지나친 그 세월이 나를 울립니다
여울에 아롱 젖은 이즈러진 조각달
강물도 출렁출렁 목이 멥니다

아아 뜸북새 슬피 우니 가을인가요
잃어진 그 사랑이 나를 울립니다
들녘에 떨고 섰는 임자 없는 들국화
바람도 살랑살랑 맴을 돕니다

아아 단풍이 살랑대니 가을인가요
무너진 젊은 날이 나를 울립니다
궁창을 헤메이는 서리맞은 짝사랑
안개도 후유후유 한숨집니다

울산광역시

타향살이

중구 북정동 동헌 앞

중구 다운동 입화산

♬ 김능인 작사 손목인 작곡 고복수 노래

1) 타향살이 몇 해던가 손꼽아 헤어보니
   고향 떠난 십여 년에 청춘만 늙어

2) 부평 같은 내 신세가 혼자도 기막혀서
   창문 열고 바라보니 하늘은 저쪽

3) 고향 앞에 버드나무 올봄도 푸르련만
   호드기를 꺾어 불던 그 때는 옛날

4) 타향이라 정이 들면 내 고향 되는 것을
   가도 그만 와도 그만 언제나 타향

♪ 가요
타향살이

환상의 섬

남구 매암동 장생포고래박물관

윤수일 작사 윤수일 작곡 윤수일 노래

내 고향 바닷가 외딴 섬 하나
뽀오얀 물안개 투명한 바닷 속
바위에 앉아서 기타를 퉁기면
인어같은 소녀가 내 곁에 다가왔지

세월이 흐른 뒤 다시 찾은 그 섬엔
문명이 할퀴고 간 초라한 그 모습
보고픈 소녀는 어디론가 떠나고
외로운 갈매기만 슬피 울고 있네

* 환상의 섬 환상의 섬 환상의 섬 소녀야
  나는 너를 잊지 못해 환상의 섬 소녀야

울산광역시

처용가

남구 황성동 처용암 앞

사 모 곡

앞산 노을 질 때까지
호미자루 벗을 삼－
화전밭 일구시고
흙에 살던 어머니
땀에 젖은 삼베－
기워 입고 살으신
소쩍새 울음 따라
하늘 가신 어머니
그 모습 그리워
이 한 밤을 지－

제8장
세종특별자치시

고향(가곡) / 그리운 사람끼리(가요) / 따오기(동요) / 모닥불(가요) /
사모곡(가요) / 얼굴(가곡) / 엄마야 누나야(동요) / 향수(가곡)

세종특별자치시

고향

전동면 청송리 뒤웅박고을

🎵 정지용 작시 채동선 작곡

고향에 고향에 돌아와도

그리던 고향은 아니러뇨

산꿩이 알을 품고

뻐꾸기 제철에 울건만

마음은 제 고향 지니지 않고

머언 항구로 떠도는 구름

오늘도 뫼 끝에 홀로 오르니

흰점 꽃이 인정스레 웃고

어린 시절에 불던

풀피리 소리 아니 나고

메마른 입술에 쓰디 쓰다

고향에 고향에 돌아와도

그리던 하늘만이 높푸르구나

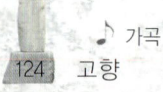

♪ 가곡
고향

그리운 사람끼리

전동면 청송리 뒤웅박고을

♪ 박인희 작사 박인희 작곡 박인희 노래

그리운 사람끼리 두 손을 잡고

마주보고 웃음지며 함께 가는 길

두 손엔 풍선을 들고

두 눈엔 사랑을 담고

가슴엔 하나 가득 그리움이래

그리운 사람끼리 두 눈을 감고

도란 도란 속삭이며 걸어가는 길

가슴엔 여울지는 푸르른 사랑

길목엔 하나 가득 그리움이래

세종특별자치시

따오기

전동면 청송리 뒤웅박고을

♬ 한정동 작사 윤극영 작곡

보일 듯이 보일 듯이 보이지 않는
따옥 따옥 따옥 소리 처량한 소리
떠나가면 가는 곳이 어디이더뇨
내 어머님 가신 나라 해 돋는 나라

잡힐 듯이 잡힐 듯이 잡히지 않는
따옥 따옥 따옥 소리 구슬픈 소리
날아가면 가는 곳이 어디이더뇨
내 어머님 가신 나라 달 돋는 나라

약한 듯이 강한 듯이 또 연한 듯이
따옥 따옥 따옥 소리 적막한 소리
흘러가면 가는 곳이 어디이더뇨
내 어머님 가신 나라 별 돋는 나라

나도 나도 소리소리 너 같을진대
달나라로 해나라로 또 별나라로
훨훨 활활 떠다니며 꿈에만 보고
말 못하는 어머님의 귀나 울릴걸

♪ 동요
따오기

모닥불

전동면 청송리 뒤웅박고을

♪ 박건호 작사 박인희 작곡 박인희 노래

모닥불 피워놓고 마주 앉아서
우리들의 이야기는 끝이 없어라

인생은 연기속에 재를 남기고
말없이 사라지는 모닥불 같은것

타다가 꺼지는 그 순간까지
우리들의 이야기는 끝이 없어라

세종특별자치시

사모곡

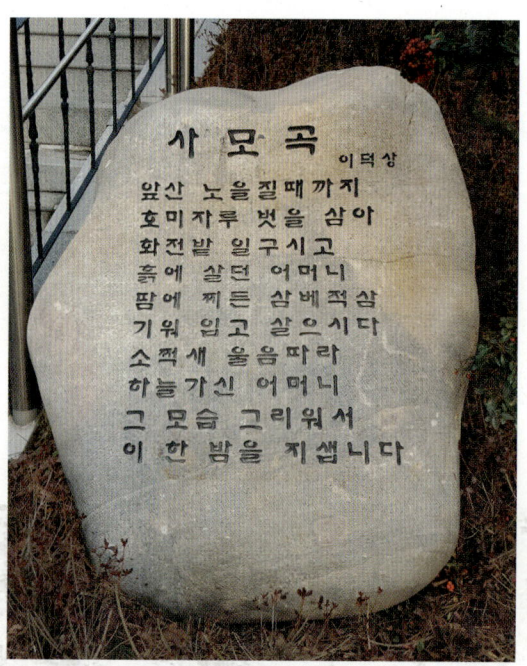

전동면 청송리 뒤웅박고을

이덕상 작사 서승일 작곡 태진아 노래

앞산 노을 질 때까지 호미자루 벗을 삼아
화전밭 일구시고 흙에 살던 어머니
땀에 찌든 삼베적삼 기워 입고 살으시다
소쩍새 울음따라 하늘가신 어머니
그 모습 그리워서 이 한 밤을 지샙니다

무명치마 졸라매고 새벽이슬 맞으시며
한평생 모진 가난 참아내신 어머니
자나깨나 자식 위해 신령님전 빌고 빌며
학처럼 선녀처럼 살다가신 어머니
이제는 눈물 말고 그 무엇을 바치리까

♪ 가요
사모곡

세종특별자치시

얼굴

전동면 청송리 뒤웅박고을

심봉석 작시   신귀복 작곡

동그라미 그리려다 무심코 그린 얼굴
내 마음 따라 피어나는 하얀 그때 꿈을
풀잎에 연 이슬처럼 빛나던 눈동자
동그랗게 동그랗게 맴돌다 가는 얼굴

동그라미 그리려다 무심코 그린 얼굴
무지개 따라 올라갔던 오색빛 하늘 나래
구름 속에 나비처럼 날으던 지난 날
동그랗게 동그랗게 맴돌다 가는 얼굴

가곡 ♪
얼굴

세종특별자치시

엄마야 누나야

전동면 청송리 뒤웅박고을

김소월 작사   안성현·김광수 작곡

엄마야 누나야 강변 살자
뜰에는 반짝이는 금모래 빛
뒷문 밖에는 갈잎의 노래
엄마야 누나야 강변 살자

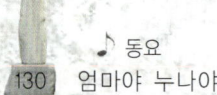
동요
엄마야 누나야

세종특별자치시

향수

전동면 청송리 뒤웅박고을

 정지용 시 김희갑 작곡 이동원, 박인수 노래

넓은 벌 동쪽 끝으로
옛이야기 지줄대는 실개천이 휘돌아 나가고
얼룩백이 황소가
해설피 금빛 게으른 울음을 우는 곳
그곳이 차마 꿈엔들 잊힐리야

질화로에 재가 식어지면
뷔인 밭에 밤바람 소리 말을 달리고
엷은 졸음에 겨운 늙으신 아버지가
짚베개를 돋아 고이시는 곳
그곳이 차마 꿈엔들 잊힐리야

흙에서 자란 내 마음
파아란 하늘 빛이 그리워
함부로 쏜 화살을 찾으려
풀섶 이슬에 함추름 휘적시던 곳
그곳이 차마 꿈엔들 잊힐리야

전설바다에 춤추는 밤물결 같은
검은 귀밑머리 날리는 어린 누이와
아무렇지도 않고 예쁠 것도 없는
사철 발벗은 아내가
따가운 햇살을 등에 지고 이삭 줍던 곳
그곳이 차마 꿈엔들 잊힐리야

하늘에는 성근 별
알 수도 없는 모래성으로 발을 옮기고
서리 까마귀 우지 짖고 지나가는
초라한 지붕
흐릿한 불빛에 돌아앉아 도란도란 거리는 곳
그곳이 차마 꿈엔들 잊힐리야

제9장

경기도

겨울 나무(동요) / 고향(가곡) / 고향의 봄(동요) / 과수원 길(동요) /
나무의 노래(동요) / 나의 조국(가곡) / 남한강 소식(가요) / 님의 향기(가요) /
다람쥐(동요) / 독도는 우리 땅(축소판)(가요) / 돌아가는 삼각지(가요) /
동숙의 노래(가요) / 두메산골(가요) / 둘이 하나되어(가요) / 따오기(동요) /
매미(동요) / 메아리(동요) / 무궁화(동요) / 민들레 홀씨처럼(가곡) /
바닷가에서(동요) / 반달(동요) / 봉숭아(가곡) / 비둘기집(가요) /
사랑을 위하여(가요) / 산들바람(가곡) / 산바람 강바람(동요) /
삼팔선의 봄(가요) / 숲속을 걸어요(동요) / 신라의 달밤(가요) /
앵두나무 처녀(가요) / 얼굴(가곡) / 영원(가요) / 용상골이 좋아요(가요) /
우리의 소원(동요) / 유정천리(가요) / 이 길을 간다(가요) / 이정표(가요) /
잃어버린 30년(가요) / 자랑스런 서희(동요) / 자전거(동요) /
작지만 큰 행복(가요) / 장서방네 노을(가요) / 초록바다(동요) / 타향살이(가요)

경기도

겨울 나무

성남시 분당구 분당중앙공원

이원수 작사   정세문 작곡

나무야 나무야 겨울 나무야
눈 쌓인 응달에 외로이 서서
아무도 찾지 않는 추운겨울을
바람 따라 휘파람만 불고 있느냐

평생을 살아봐도 늘 한자리
넓은 세상 소식도 바람께 듣고
꽃피던 봄 여름 생각하면서
나무는 휘파람만 불고 있구나

동요
겨울 나무

고향

부천시 원미구 중앙공원

양평군 양동면 C아트 뮤지엄

부천시 소사구 소사본동주민센터

정지용 작시 채동선 작곡

고향에 고향에 돌아와도
그리던 고향은 아니러뇨

산꿩이 알을 품고
뻐꾸기 제철에 울건만

마음은 제 고향 지니지 않고
머언 항구로 떠도는 구름

오늘도 메 끝에 홀로 오르니
흰점 꽃이 인정스레 웃고

어린 시절에 불던
풀피리 소리 아니 나고

메마른 입술에 쓰디 쓰다
고향에 고향에 돌아와도
그리던 하늘만이 높푸르구나

가곡
고향

경기도

고향의 봄

수원시 팔달구 팔달산

수원시 팔달구 수원역 광장

수원시 팔달구 수원시청앞

화성시 남양읍 주민센터

이원수 작사 홍난파 작곡

나의 살던 고향은 꽃 피는 산골   꽃동네 새 동네 나의 옛 고향
복숭아꽃 살구꽃 아기 진달래   파란 들 남쪽에서 바람이 불면
울긋불긋 꽃 대궐 차리인 동네   냇가에 수양버들 춤추는 동네
그 속에서 놀던 때가 그립습니다   그 속에서 놀던 때가 그립습니다

동요
고향의 봄

경기도

과수원길

안산시 상록구 사동 안산호수공원

🎵 박화목 작사 김공선 작곡

동구 밖 과수원 길

아카시아 꽃이 활짝 폈네

하이얀 꽃 이파리

눈송이처럼 날리네

향긋한 꽃냄새가

실바람 타고 솔솔

둘이서 말이 없네

얼굴 마주 보며 생긋

아카시아 꽃 하얗게 핀

먼 옛날의 과수원 길

동요 🎵
과수원길

경기도

나무의 노래

시흥시 정왕동 배움의 숲

최갑순 작사   김동신 작곡

아침 햇살이 찾아 들기 전
작은 소리로 노래하는 나무
아침 햇살이 찾아 들면
가슴을 펴고 햇살을 흔들며
노래하는 나무

오늘은 날씨가 좋아요
햇살이 눈 부셔요
우리 집 나무가 노래 부르면
이웃 집 나무가 대답을 하고
탐스런 나뭇잎만큼
가득 열린 참새들
열린 참새만큼 고운 노래
들려주는 나무
하늘에 그려지는 오선지엔
햇살 한줌 내 노래 한 가락

♪ 동요
나무의 노래

경기도

나의 조국

파주시 임진각 자유의 다리 앞

정치근 작시 조 념 작곡

세계지도 펼쳐놓고 바라보면
동쪽에도 서쪽에도 나라 많지만
나의 조국이라고 부를 나라는 오직 하나
해가 뜨는 아침의 나라
자유와 평화가 넘치는 나라로다
하늘이 나를 이 땅에 태어나게 하였구나
감격하여 나는 우리나라
만세 억세 겁세 하노라

세계지도 펼쳐놓고 바라보면
남쪽에도 북쪽에도 나라 많지만
나의 조국이라고 부를 나라는 오직 하나
해가 뜨는 역동의 나라
평등과 행복이 넘치는 나라로다
하늘이 나를 이 땅에 태어나게 하였구나
감격하여 나는 우리겨레
만대 억대 겁대 하노라

경기도

남한강 소식

여주시 상동 영월루근린공원

김태영 작사   김태영 작곡   허 민 노래

신륵사 깊은 밤에 종소리만 우는데
동대에 어린 꿈을 너는 어이 잊을소냐
남한강 칠백리를 등지고 떠나올 때
눈물 많이 흘렸었지 다시 밟을 내 고향아
남한강아 잘 있느냐

마암대 깊은 밤에 물소리만 처량한데
옛 놀던 영월루엔 어린 꿈이 날 울리네

양동섬 백사장에 슬피우는 물새야
달빛 실은 뗏목위에 한숨만이 실렸더냐
고향 봄도 실렸더냐
남한강 나룻터에 강물만이 처량한데
노젓는 사공들아 고향노래 불러다오
타관 땅 섫고 섫어 고향을 울며 볼 때
눈물 많이 흘렸었지 다시 밟을 내 고향아
남한강아 잘 있느냐

가요
남한강 소식

경기도

님의 향기

이천시 장호원읍 도월마을

♪ 김동찬 작사   차태일 작곡   김경남 노래

밤새 갈바람 잠을 잔 듯이 조용한 바람인 듯 눈을 감으면
님의 모습인가 향기인 듯한 생각에 눈시울 적셔 옵니다
이별이 아닌데도 님이 떠난 후 텅 빈 가슴 어쩔 수 없어요
견디기 힘든 아픔만 까맣게 태워버린 밤 너무 허전해
뜨거운 가슴으로 길을 나서도 막상 갈 곳이 없어요
못다 준 사랑의 아쉬움이 가슴에 남아 있는데
오직 그대 곁에 머물고 있는 사랑하는 내 마음

경기도

다람쥐

과천시 막계동 서울대공원

🎵 김영일 작사 박재훈 작곡

산골짝에 다람쥐 아기 다람쥐
도토리 점심 가지고 소풍을 간다
다람쥐야 다람쥐야 재주나 한번 넘으렴
팔닥 팔닥 팔닥 날도 참말 좋구나

♪ 동요
다람쥐

독도는 우리 땅(축소판)

고양시 일산서구 일산1동 독도홍보관

♪ 박인호(박문영) 작사 박인호(박문영) 작곡 정광태 노래

울릉도 동남쪽 뱃길 따라 이 백리 외로운 섬 하나 새들의 고향
그 누가 아무리 자기네 땅이라고 우겨도 독도는 우리 땅
경상북도 울릉군 남면 도동 1번지 동경 백삼십이 북위 삼십칠
평균기온 십이도 강수량은 천삼백 독도는 우리 땅 우리 땅
오징어 꼴뚜기 대구 명태 거북이 연어알 물새알 해녀 대합실
십칠만 평방미터 우물 하나 분화구 독도는 우리 땅
지증왕 십삼년 섬나라 우산국 세종실록지리지 오십쪽 세째줄
하와이는 미국 땅 대마도는 몰라도 독도는 우리 땅 우리 땅
러일전쟁 직후에 임자 없는 섬이라고 억지로 우기면 정말 곤란해
신라장군 이사부 지하에서 웃는다 독도는 우리 땅 우리 땅

경기도

돌아가는 삼각지

양주시 장흥면 신세계공원묘원

인 성 작사 배상태 작곡 배 호 노래

삼각지 로타리에 궂은 비는 오는데
잃어버린 그 사랑을 아쉬워하며
비에 젖어 한숨짓는 외로운 사나이가
서글피 찾아왔다 울고 가는 삼각지

삼각지 로타리를 헤메도는 이 발길
떠나버린 그 사랑을 그리워하며
눈물 젖어 불러보는 외로운 사나이가
남몰래 찾아왔다 돌아가는 삼각지

♪ 가요
돌아가는 삼각지

동숙의 노래

가평군 청평면 문주란 뮤즈 카페 입구

🎵 한산도 작사 백영호 작곡 문주란 노래

너무나도 그 님을 사랑했기에
그리움이 변해서 사모친 마음
원한 맺힌 마음에 잘못 생각에
돌이킬 수 없는 죄 저질러 놓고
뉘우치면서 울어도 때는 늦으리
때는 늦으리

님을 따라 가고픈 마음이건만
그대 따라 못 가는 서러운 이 몸
저주받은 운명이 끝나는 순간
님의 품에 안기운 짧은 행복에
참을 수 없이 흐르는 뜨거운 눈물
뜨거운 눈물

경기도

두메산골

양주시 장흥면 신세계공원묘원

반야월 작사   김광빈 작곡   배 호 노래

산을 넘고 물을 건너 고향 찾아서
너보고 찾아왔네 두메나 산골
도라지 꽃피던 그 날 맹세를 걸고 떠났지
산딸기 물에 흘러 떠나가고
두 번 다시 타향에 아니 가련다
풀피리 불며 불며 노래하면서 너와 살련다

재를 넘어 영을 넘어 옛집을 찾아
물방아 찾아왔네 달 뜨는 고향
새소리 정다운 그 날 맹세를 걸고 떠났지
구름은 흘러 흘러 떠나가고
두 번 다시 타향에 아니 가련다
수수밭 감자밭에 씨를 뿌리며 너와 살련다

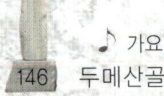
가요
두메산골

경기도

둘이 하나 되어

 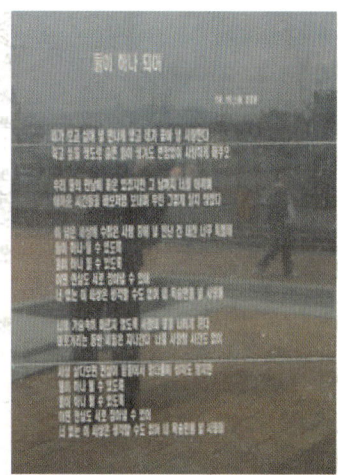

양평군 양평읍 물안개공원

김종환 작사　김종환 작곡　김종환 노래

네가 보고 싶어 널 만나게 됐고 네가 좋아 널 사랑한다
죽고 싶을 정도로 슬픈 일이 생겨도 변함없이 사랑하게 해주오
우리 둘의 만남에 끝은 있겠지만 그 날까지 너를 아끼며
아까운 시간들을 바보처럼 보내며 우린 그렇게 살지 않겠다
이 넓은 세상에 수많은 사람중에 널 만난 건 내겐 너무 특별해
둘이 하나 될 수 있도록 둘이 하나 될 수 있도록 어떤 현실도 서로 참아낼 수 있어
너 없는 이 세상은 생각할 수도 없어 내 목숨 만큼 널 사랑해
너의 가슴속이 마르지 않도록 사랑의 물을 너에게 준다
머뭇거리는 동안 세월은 지나간다 너를 사랑할 시간도 없이
세상 살다보면 현실이 힘들어서 말다툼에 상처도 받지만
둘이 하나 될 수 있도록 둘이 하나 될 수 있도록
어떤 현실도 서로 참아낼 수 있어 너 없는 이 세상은 생각할 수도 없어
내 목숨 만큼 널 사랑해 내 목숨 만큼 널 사랑해

경기도

따오기

시흥시 산현동 한정동선생 묘소

시흥시 조남동 목감문화공원

안산시 상록구 사동 안산호수공원

한정동 작사　윤극영 작곡

보일 듯이 보일듯이 보이지 않는　　　잡힐듯이 잡힐듯이 잡히지 않는
따옥 따옥 따옥 소리 처량한 소리　　　따옥 따옥 따옥 소리 처량한 소리
떠나가면 가는 곳이 어디메이뇨　　　떠나가면 가는 곳이 어디메이뇨
내 어머니 가신 나라 해 돋는 나라　　　내 아버지 가신 나라 달 돋는 나라

♪ 동요
따오기

경기도

매미

시흥시 정왕동 배움의 숲

이태선 작사 박재훈 작곡

숲속에 매미가 노래를 하면
파란 저 하늘이 더 파래지고
과수밭 열매가 절로 익는다
과수밭 열매가 절로 익는다

숲속에 매미가 노래를 하면
찬이슬 아침마다 흠뻑 내리고
가을이 저만큼 다가 온다죠
가을이 저만큼 다가 온다죠

동요
매미

경기도

메아리

시흥시 정왕동 배움의 숲

유치환 작사 김대현 작곡

산에 산에 산에는 산에 사는 메아리
언제나 찾아가서 외쳐 부르면
반가이 대답하는 산에 사는 메아리
벌거벗은 붉은 산엔 살 수 없어 갔다오
산에 산에 산에다 나무를 심자
산에 산에 산에다 옷을 입히자
메아리가 살게 시리 나무를 심자

메아리 메아리 메아리가 사는 곳
언제나 찾아가서 외쳐 불러도
아무도 대답 없는 벌거숭이 붉은 산
메아리도 못살고서 가버리고 없다오
산에 산에 산에다 나무를 심자
산에 산에 산에다 옷을 입히자
메아리가 살게 시리 나무를 심자

동요
메아리

경기도

무궁화

성남시 분당구 한국학중앙연구원

♪ 김한배 작사 정세문 작곡

아름답다 무궁화 우리의 무궁화
금수강산 삼천리 곱게 피어서
즐거우나 슬프나 한결 같게도
아 단군님의 마음씨 무궁화라네

정다웁다 무궁화 우리의 무궁화
울 밑에나 뜰에나 나고 또 나서
우리나라 역사와 영원히 자라
아 우리 겨레 마음씨 무궁화라네

동요 ♪
무궁화

경기도

민들레 홀씨처럼

가평군 북면 제령리 강계산방

정유준 작시   정유준 작곡

당신 떠나가고 봄날이 가도
슬픈 꽃비 내리고
홀씨처럼 떠나는 당신
끝내 잡지 못하네
사랑해요 나의 어머니

바람결에 가시나요
고마워요 잘 가세요
당신은 민들레 홀씨처럼

♪ 가곡
민들레 홀씨처럼

경기도

바닷가에서

과천시 별양동 중앙공원

장수철 작사   이계석 작곡

해당화가 곱게 핀 바닷가에서
나 혼자 걷노라면 수평선멀리
갈매기 한두쌍이 가물거리네
물결마저 잔잔한 바닷가에서

저녁노을 물드는 바닷가에서
조개를 잡노라면 수평선멀리
파란 바닷물은 꽃무늬지네
모래마저 금같은 바닷가에서

동요
바닷가에서

경기도

반달

양평군 강상면 송학3리 윤극영 선생 묘소

♪ 윤극영 작사   윤극영 작곡

푸른 하늘 은하수 하얀 쪽배엔
계수나무 한 나무 토끼 한 마리
돛대도 아니 달고 삿대도 없이
가기도 잘도 간다 서쪽 나라로

은하수를 건너서 구름 나라로
구름나라 지나선 어디로 가나
멀리서 반짝반짝 비추이는 건
샛별 등대란다 길을 찾아라

♪ 동요
반달

경기도

봉숭아

수원시 권선구 수원올림픽공원

김형준 작시   홍난파 작곡

울밑에 선 봉선화야 네 모양이 처량하다
길고 긴 날 여름철에 아름답게 꽃필 적에
어여쁘신 아가씨들 너를 반겨 놀았도다
어언간에 여름가고 가을바람 솔솔 불어
아름다운 꽃송이를 모질게도 침노하니
낙화로다 늙어졌다 네 모양이 처량하다

북풍한설 찬바람에 네 형체가 없어져도
평화로운 꿈을 꾸는 너의 혼이 예있으니
화창스런 봄바람에 환생키를 바라노라

가곡
봉숭아

경기도

비둘기 집

포천시 소흘읍 낙원공원 의정부묘원

전 우 작사　김기웅 작곡　이 석 노래

비둘기처럼 다정한 사람들이라면
장미꽃 넝쿨 우거진 그런 집을 지어요
메아리 소리 해맑은 오솔길을 따라
산새들 노래 즐거운 옹달샘 터에
비둘기처럼 다정한 사람들이라면
포근한 사랑 엮어갈 그런 집을 지어요

♪ 가요
비둘기 집

사랑을 위하여

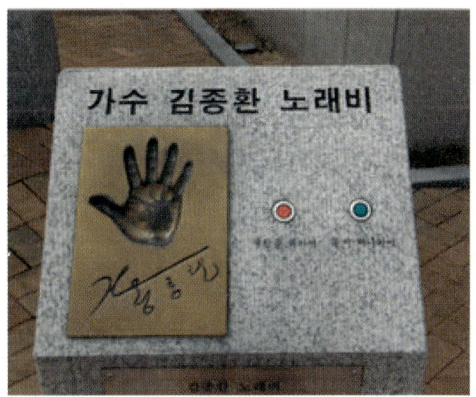

양평군 양평읍 오빈리 물안개공원

🎵 김종환 작사   김종환 작곡   김종환 노래

이른 아침에 잠에서 깨어 너를 바라 볼 수 있다면
물안개 피는 강가에 서서 작은 미소로 너를 부르리
하루를 살아도 행복할 수 있다면 나는 그 길을 택하고 싶다
세상이 우리를 힘들게 하여도 우리 둘은 변하지 않아

* 너를 사랑하기에 저 하늘 끝에 마지막 남은 진실 하나로
오래두어도 진정 변하지 않는 사랑으로 남게 해주오
내가 아플 때보다 네가 아파할 때가 내 가슴을 철들게 했고
너의 사랑 앞에 나는 옷을 벗었다 거짓의 옷을 벗어버렸다

가요 🎵
사랑을 위하여

경기도

산들바람

의왕시 청계동 천주교공원묘원

정인섭 작시   현제명 작곡

산들바람이 산들 분다
달 밝은 가을밤에 달 밝은 가을밤에
산들바람 분다
아- 너도 가며는 이 맘을 어이 해

산들바람이 산들 분다
달 밝은 가을밤에 달 밝은 가을밤에
산들바람 분다
아- 꽃이 지며는 이 맘을 어이 해

♪ 가곡
산들바람

경기도

산바람 강바람

성남시 분당구 율동공원

♪ 윤석중 작사 박태현 작곡

산위에서 부는 바람 서늘한 바람
그 바람은 좋은 바람 고마운 바람
여름에 나뭇꾼이 나무를 할 때
이마에 흐른 땀을 씻어준대요

강가에서 부는 바람 시원한 바람
그 바람도 좋은 바람 고마운 바람
사공이 배를 젓다 잠이 들어도
저 혼자 나룻배를 저어간대요

동요 ♪
산바람 강바람

경기도

삼팔선의 봄

광주시 오포읍 삼성개발공원묘원

♪ 김석민 작사 박춘석 작곡 최갑석 노래

눈 녹인 산골짝에 꽃이 피누나
철조망은 녹슬고 총칼은 빛나
세월을 한탄하랴 삼팔선의 봄
싸워서 공을 세워 대장도 싫소
이등병 목숨 바쳐 고향 찾으리

눈 녹인 산골짝에 꽃은 피는데
설한에 젖은 마음 풀릴 길 없고
꽃피면 더욱 슬퍼 삼팔선의 봄
죽음에 시달리는 북녘 내 고향
그 동포 웃는 얼굴 보고 싶구나

♪ 가요
삼팔선의 봄

경기도

숲속을 걸어요

시흥시 정왕동 배움의 숲

♪ 유종슬 작사   정연택 작곡

숲속을 걸어요
산새들이 속삭이는 길
숲속을 걸어요
꽃향기가 그윽한 길
해님도 쉬었다 가는 길
다람쥐가 넘나드는 길
정다운 얼굴로
우리 모두 숲속을 걸어요

숲속을 걸어요
맑은 바람 솔바람 이는
숲속을 걸어요
도랑물이 노래하는 길
달님도 쉬었다 가는 길
산노루가 넘나드는 길
웃음 띤 얼굴로
우리 모두 숲속을 걸어

경기도

신라의 달밤

광주시 오포읍 삼성개발공원묘원

유호 작사 박시춘 작곡 현인 노래

아~ 신라의 밤이여
불국사의 종소리 들리어온다
지나가는 나그네야 걸음을 멈추어라
고요한 달빛 어린 금옥산 기슭위에서
노래를 불러보자 신라의 밤 노래를

아~ 신라의 밤이여
아름다운 궁녀들 그리웁구나
대궐 뒤에 숲 속에서 사랑을 맺었던가
임들의 치마소리 귓 속에 들으면서
노래를 불러보자 신라의 밤 노래를

아~ 신라의 밤이여
화랑도의 추억이 새로웁고나
푸른 강물 흐르건만 종소리는 끝이 없네
화려한 천년사직 간 곳을 더듬으며
노래를 불러보자 신라의 밤 노래

경기도

앵두나무 처녀

남양주시 화도읍 모란공원묘원

♫ 천 봉 작사 한복남 작곡 김정애 노래

앵두나무 우물가에 동네 처녀 바람났네
물동이 호미자루 나도 몰래 내던지고
말만 들은 서울로 누굴 찾아서
이쁜이도 금순이도 단봇짐을 쌌다네

석유 등잔 사랑방에 동네 총각 바람났네
올 가을 풍년가에 장가들라 하였건만
신부감이 서울로 도망 갔으니
복돌이도 삼돌이도 단봇짐을 쌌다네

가요 ♪
앵두나무 처녀

경기도

얼굴

안성시 보개면 안성맞춤랜드

심봉석 작시   신귀복 작곡

동그라미 그리려다 무심코 그린 얼굴
내 마음 따라 피어나는 하얀 그때 꿈을
풀잎에 연 이슬처럼 빛나던 눈동자
동그랗게 동그랗게 맴돌다 가는 얼굴

동그라미 그리려다 무심코 그린 얼굴
무지개 따라 올라갔던 오색빛 하늘 나래
구름 속에 나비처럼 날으던 지난 날
동그랗게 동그랗게 맴돌다 가는 얼굴

♪ 가곡
얼굴

경기도

영 원

양평군 양서면 갑산공원묘원

🎵 주영훈 작사   고성진 작곡   Sky(최진영) 노래

너 와의 행복했었던 또 아름다웠던 추억
우연히 지나친 그런 시간만은 아닐 거야
(BREAK DOWN)
이미 커져버린 내 빈자리의 주인은
이 세상의 하나뿐인 너였던 거야
(바로 너)
항상 그래왔듯이 니가
내게 다가오기만을 기다린 나니깐
니가 없는 세상 속에서
혼자 눈뜬 아침이 너무 눈 부셔

이제껏 나 숨쉬고 있는 이유는 하나
걸어온 길이 너무도 쉽지 않았기 때문에

내 사랑은 늘 그래왔듯이 눈물만 남겨져
나 가진 것이 많아야 이룰 수 있는 건가봐
이제 사는 법을 알겠어 세상이 원하는 걸
다시 내 삶을 돌려 널 만난다면
널 잊지 않을 거야

기다릴게 나 언제라도
저 하늘이 날 부를 때
한없이 사랑했던 추억만은 가져갈게
우리 다시 널 만난다면 유혹뿐인 이 세상에
나 처음 태어나서 몰랐다고 말을 할게
나 약속해

가요 🎵
영원

경기도

용상골이 좋아요

파주시 월롱면 월롱산 산림공원 입구

정태권 작사 유성민 작곡 문소윤 노래

저녁 연기 흰구름 되어 월롱산을 맴돌듯이
어린 날의 꿈이 피는 살기 좋은 우리 동네
아름다운 우리 동네
솥우물 가살미길 추억어린 길목마다
꽃도 피고 정도 피는 자랑스런 마음의 고향
아름다운 용상골 용상골이 좋아요
내 고향이 정말 좋아요

월롱산성 마당 바위 벽장굴을 넘나들며
병정놀이 술래 잡기 뛰어놀던 진달래 동산
아름다운 용상골이 좋아요
검바위 큰개울엔 철새들이 날아들고
용상사 풍경소리 정이 깃든 마음의 고향
아름다운 우리 동네 용상골이 좋아요
용상골이 정말 좋아요

♪ 가요
용상골이 좋아요

경기도

우리의 소원

이천시 마장면 청강문화산업대학교 교정 　　　동두천시 상봉암동 자유수호박물관

 안석주 작사　안병원 작곡

우리의 소원은 통일 꿈에도 소원은 통일
이 정성 다해서 통일 통일을 이루자
이 겨레 살리는 통일 이 나라 살리는 통일
통일이여 어서 오라 통일이여 오라

동요
우리의 소원

경기도

유정 천리

양주시 마전동 작곡가 김부해 선생 묘소

♪ 반야월 작사 김부해 작곡 박재홍 노래

가련다 떠나련다 어린 아들 손을 잡고
감자 심고 수수 심는 두메산골 내 고향에
못 살아도 나는 좋아 외로워도 나는 좋아
눈물어린 보따리에 황혼빛이 젖어드네

세상을 원망하랴 내 아내를 원망하랴
누이동생 혜숙이야 행복하게 살아다오
가도 가도 끝이 없는 인생길은 몇 굽이냐
유정천리 꽃이 피네 무정천리 눈이 오네

♪ 가요
유정 천리

경기도

이 길을 간다

남양주시 화도읍 모란공원묘원

박춘석 작사 박춘석 작곡 박춘석 노래

별빛이 찬란하게 흐르는 밤에
외로운 철새처럼 슬픈 고독을
가슴속에 새기면서 떠나왔던 길
지금도 하염없이 가고 있는 길
아무리 멀다해도 이 길을 간다
아무리 멀다해도 이 길을 간다

말없이 흘러가는 구름을 따라
쓸쓸한 달빛처럼 가는 세월을
마음속에 새기면서 지나왔던 길
지금도 하염없이 가고 있는 길
아무리 외로워도 이 길을 간다
아무리 외로워도 이 길을 간다

가요 ♪
이 길을 간다

경기도

이정표

고양시 덕양구 백란공원묘원

🎵 월견초 작사 나화랑 작곡 남일해 노래

길 잃은 나그네의 나침판이냐
항구 잃은 연락선의 고동소리냐
해지는 영마루 홀로 섰는 이정표
고향 길 타향 길을 손짓해 주네

바람찬 십자로의 신호등이냐
정처 없는 나그네의 주마등이냐
버들잎 떨어지는 삼거리의 이정표
타 고향 가는 길손 울려만 주네

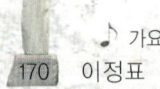
🎵 가요
이정표

경기도

잃어버린 30년

파주시 문산읍 임진각국민관광지

♬ 박건호 작사　남국인 작곡　설운도 노래

비가 오나 눈이 오나 바람이 부나
그리웠던 30년 세월
의지할 곳 없는 이 몸 서러워하며
그 얼마나 울었던가요
우리 형제 이제라도 다시 만나서
못다한 정 나누는데
어머님 아버님 그 어디에 계십니까
목메이게 불러 봅니다

내일일까 모레일까 기다린 것이
눈물 맺힌 30년 세월
고향 잃은 이 신세를 서러워하며
그 얼마나 울었던가요
우리 남매 이제라도 다시 만나서
못다 한 정 나누는데
어머님 아버님 그 어디에 계십니까
목메이게 불러 봅니다

가요 ♪
잃어버린 30년

경기도

자랑스런 서희

이천시 부발읍 서희선생 테마파크

조병돈 작사   조원경 작곡

설봉산과 효양산이 포근하게 감싸안은
구만리 들판에서 영웅 태어나셨네
팔십만 거란군이 파도처럼 밀려와도
눈 하나 깜짝않고 홀로 맞섰네
고려만이 고구려의 후손이라
당당하게 주장하시고

여진족을 몰아내어 강동6주
구석구석 고려깃발 꽂으셨네
아아 놀라워라 태산같은 그 기상
백성을 사랑하는 고결한 희생
자랑스런 서희
역사에 빛나는 자랑스런 서희

♪ 동요
자랑스런 서희

경기도

자전거

부천시 원미구 부천중앙공원

목일신 작사 김대현 작곡

찌르릉 찌르릉 비켜나셔요
자전거가 나갑니다 찌르르르릉
저기 가는 저 영감 꼬부랑 영감
어물어물 하다가는 큰일납니다

찌르릉 찌르릉 비켜나셔요
자전거가 나갑니다 찌르르르릉

오불랑 꼬불랑 고개를 넘어
비탈길을 스르륵 지나 갑니다

찌르릉 찌르릉 이 자전거는
울 아버지 사 오신 자전거라오
머나먼 시골길을 돌아오실 제
간들간들 타고 오는 자전거라오

동요
자전거

경기도

작지만 큰 행복

성남시 분당구 분당메모리얼파크

 이현도 작사   이현도 작곡   김성재 노래

힘겨운 하루씩 나 살아오며 무얼 슬퍼했었나
모든것을 잃어간다는 착각속에서
이젠 더 이상 눈물 짓지 않아 끝이 없는 그 슬픔 속을
나를 사랑해주는 많은 사람들과
그리고 나를 아껴주는 내 모든 친구들
이 모두가 내 주변에 항상 함께 하는 걸
난 그걸 모르고 살아 온거야
언제까지나 이 모두와 사랑을 나누며 살고 싶어

한때는 기쁨보다 슬픔들이 희망보다 좌절이
나의 하루하루를 온통 채워 왔지만
이젠 더 이상 눈물 짓지 않아 내겐 많은 날이 있는 걸
나를 사랑해주는 많은 사람들과
그리고 나를 아껴주는 내 모든 친구들
이 모두가 내 주변에 항상 함께 하는 걸
난 그걸 모르고 살아 온거야
언제까지나 이 모두와 사랑을 나누며 살고 싶어

♪ 가요
작지만 큰 행복

경기도

장서방네 노을

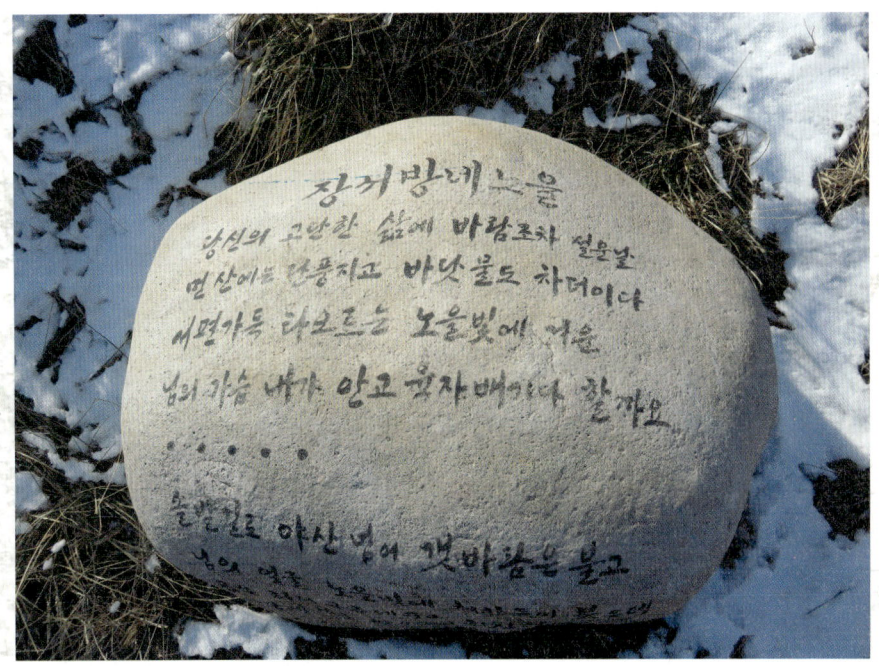

평택시 팽성읍 신대리 섶길 2-1코스

정태춘 작사   정태춘 작곡   정태춘 노래

당신의 고단한 삶에 바람 조차 설운 날
먼 산에는 단풍 지고 바닷물도 차더이다
서편 가득 타오르는 노을 빛에 겨운
님의 가슴 내가 안고 육자배기나 할까요

솔밭길로 야산 넘어 갯바람은 불고
님의 얼굴 노을 빛에 취한듯이 붉은데
곱은 허리 곧추세우고 뒷짐지고 서면
바람에 부푼 황포돛대 오늘 다시 보오리다

가요
장서방네 노을

경기도

초록바다

안산시 상록구 사동 안산호수공원

박경종 작사 이계석 작곡

초록빛 바닷물에 두 손을 담그면
초록빛 바닷물에 두 손을 담그면
파란 하늘빛 물이 들지요
어여쁜 초록빛 손이 되지요
초록빛 여울물에 두 발을 담그면
물결이 살랑 어루만져요
우리 순이 손처럼 간지럼 줘요

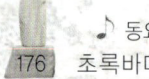

♪ 동요
초록바다

경기도

타향살이

광주시 오포읍 삼성개발공원묘원

용인시 처인구 모현면 천주교용인공원묘원

🎵 김능인 작사   손목인 작곡   고복수 노래

1) 타향살이 몇 해 던가 손꼽아 헤어보니
   고향 떠난 십 여년에 청춘만 늙어

2) 부평같은 이 내 신세 혼자도 기막혀서
   창문열고 바라보니 하늘은 저쪽

3) 고향앞에 버드나무 올봄도 푸르련만
   호들기를 꺾어 불던 그때는 옛날

4) 타향이라 정이 들면 내 고향 되는것을
   가도그만 와도그만 언제나 타향

경기도

하얀 나비

파주시 탄현면 기독교상상조회묘지

♪ 김정호 작사 김정호 작곡 김정호 노래

음 생각을 말아요 지나간 일들을
음 그리워 말아요 떠나갈 님인데
꽃잎은 시들어요 슬퍼하지 말아요
때가 되면 다시 필걸 서러워 말아요

음 어디로 갔을까 길 잃은 나그네는
음 어디로 갈까요 님 찾는 하얀나비
꽃잎은 시들어요 슬퍼하지 말아요
때가 되면 다시 필걸 서러워 말아요

♪ 가요
하얀 나비

향수

안산시 상록구 안산호수공원 시테마공원

 정지용 시 김희갑 작곡 이동원, 박인수 노래

넓은 벌 동쪽 끝으로
옛이야기 지줄대는 실개천이 휘돌아 나가고,
얼룩백이 황소가
해설피 금빛 게으른 울음을 우는 곳,
그곳이 차마 꿈엔들 잊힐리야.

질화로에 재가 식어지면
뷔인 밭에 밤바람 소리 말을 달리고,
엷은 졸음에 겨운 늙으신 아버지가
짚벼개를 돋아 고이시는 곳,
그곳이 차마 꿈엔들 잊힐리야.

흙에서 자란 내 마음
파아란 하늘 빛이 그리워
함부로 쏜 화살을 찾으려
풀섶 이슬에 함추름 휘적시던 곳,
그곳이 차마 꿈엔들 잊힐리야.

전설바다에 춤추는 밤물결 같은
검은 귀밑머리 날리는 어린 누이와
아무렇지도 않고 예쁠 것도 없는
사철 발벗은 아내가
따가운 햇살을 등에 지고 이삭 줍던 곳,
그곳이 차마 꿈엔들 잊힐리야.

하늘에는 성근 별
알 수도 없는 모래성으로 발을 옮기고,
서리 까마귀 우지 짖고 지나가는
초라한 지붕,
흐릿한 불빛에 돌아앉아 도란도란 거리는 곳,
그곳이 차마 꿈엔들 잊힐리야.

경기도

형제별

안산시 상록구 사동 안산호수공원

♪ 방정환 작사   정순철 작곡

날 저무는 하늘에 별이 삼형제
반짝반짝 정답게 지내더니
웬일인지 별 하나 보이지 않고
남은 별이 둘이서 눈물 흘린다

♪ 동요
형제별

경기도

홍도야 우지마라

시흥시 방산동 이서구 선생 묘소

♪ 이서구 작사   김준영 작곡   김영춘 노래

사랑을 팔고 사는 꽃바람 속에
너 혼자 지키려는 순정의 등불
홍도야 우지마라 오빠가 있다
아내의 나갈 길을 너는 지켜라

구름에 싸인 달을 너는 보았지
세상은 구름이요 홍도는 달빛
하늘이 믿으시는 네 사랑에는
구름을 거둬주는 바람이 분다

홍도야 우지 마라 굳세게 살자
진흙에 핀 꽃에도 향기는 높다
네 마음 네 행실만 높게 가지면
즐겁게 웃을 날이 찾아오리라

경기도

도월마을

이천시 장호원읍 도월마을

동두천 시의 노래

동두천시 중앙로 도심공원

새마을 노래

여주시 금은모래유원지

성남 시민의 노래

성남시 수정구 희망대공원

성남 시민의 노래

성남시 중원구 남한산성공원

성남 시민의 노래

성남시 분당구 분당중앙공원

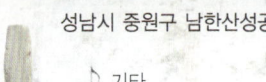
♪ 기타

경기도

수원의 노래
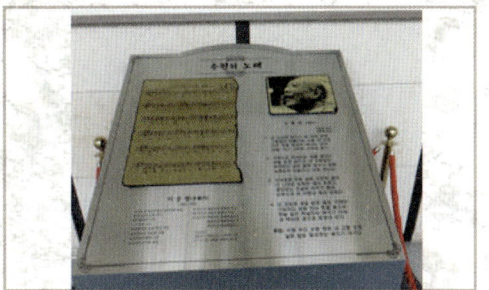
수원시 장안구 SK아뜨리움

수원의 노래

수원시 팔달구 수원시청앞

월곶면민 노래비

김포시 월곶면 주민센터 앞

의정부 평화의 노래

의정부시 의정부역앞 평화공원

이천 애향가

이천시 안흥동 안흥지공원

청산리 벽계수야 (황진이가비)

파주시 문산읍 임진각관광지

경기도

『홍랑가비』

파주시 교하면 해주 최씨 선산

♪ 기타

저 등불 빛을 노래 부르자
작곡 김희송 노래 나윤선

날이 새면 물새들이 시끄럽게 날고
꽃 피고 새가 우는 꽃밭에 묻혀
씨 뿌려 가꾸면서 땀을 흘리며
낮에는 늘어진 버드나무 아래서
조용히 살고파라 강촌에 살고 싶네
해가지면 뻐꾹새가 구슬피게 우는 밤
희미한 등불 밑에 홀로 앉아

제10장
강원도

강촌에 살고 싶네(가요) / 고향초(가요) / 과수원 길(동요) / 그리운 언덕(동요) / 꽃밭에서(동요) / 나 하나의 사랑(가요) / 내 마음(가곡) / 대관령(가곡) / 동무 생각(가곡) / 두견새 우는 청령포(가요) / 마의태자(가요) / 모닥불(가요) / 방랑시인 김삿갓(가요) / 봄날은 간다(가요) / 비목(가곡) / 사공의노래(가곡) / 설악가(가요) / 세월이 가면(가곡) / 소양강 처녀(가요) / 수선화(가곡) / 아 대한민국(가요) / 아우라지(가곡) / 연인들의 이야기(가요) / 용호강 노래(가요) / 이 소원 잊지 말아주(가요) / 자작고개(가요) / 척야산 진달래(가요) / 파도(가요) / 화진포에서 맺은 사랑(가요) / 강릉아가씨(가요) / 계촌의 노래(애향가) / 김광석 노래비(기념비) / 아우라지(민속음악) / 안사람 의병가(민속음악) / 안사람 의병노래(민속음악) / 애달픈 노래(민속음악) / 양양팔경가(애향가) / 정선아리랑(민속음악) / 정선아리랑 민요비(민속음악) /

강원도

강촌에 살고 싶네

춘천시 남산면 강촌리 강촌역

김설강 작사 김학송 작곡 나훈아 노래

날이 새면 물새들이 시름없이 날으는   해가 지면 뻐꾹새가 구슬프게 우는 밤
꽃 피고 새가 우는 논밭에 묻혀서   희미한 등불 밑에 모여 앉아서
씨뿌려 가꾸면서 땀을 흘리며   다정한 친구들과 정을 나누고
냇가에 늘어진 버드나무 아래서   흙내음 마시며 내일 위해 일하며
조용히 살고 파라 강촌에 살고 싶네   조용히 살고 파라 강촌에 살고 싶네

♪ 가요
강촌에 살고 싶네

고향초

고성군 거진읍 건봉사 경내

♪ 김다인 작사   박시춘 작곡   송민도 노래

남쪽나라 바다 멀리 물새가 날으면
뒷동산에 동백꽃도 곱게 피는데
뽕을 따던 아가씨들 서울로 가네
정든 사람 정든 고향 잊었단 말인가

찔레꽃이 한잎 두잎 물위에 날리면
내 고향에 봄은 가고 서리도 찬데
이 바닥의 정든 사람 어디로 갔나
전해오던 흙냄새를 잊었단 말인가

강원도

과수원 길

춘천시 석사동 춘천교육대학 교정

박화목 작사   김공선 작곡

동구밖 과수원길 아카시아 꽃이 활짝 폈네
하－얀 꽃 이파리 눈송이처럼 날리네
향긋한 꽃냄새가 실바람 타고 솔솔
둘이서 말이 없네 얼굴 마주보며 쌩긋
아카시아꽃 하얗게 핀 먼 옛날의 과수원 길

♪ 가요
과수원 길

강원도

그리운 언덕

춘천시 석사동 춘천교육대학 교정

강소천 작사 정세문 작곡

내 고향 가고 싶다 그리운 언덕
동무들과 함께 올라 뛰놀던 언덕
오늘도 그 동무들 언덕에 올라
메아리 부르겠지 나를 찾겠지

내 고향 언제 가나 그리운 언덕
옛 동무들 보고싶다 뛰놀던 언덕
오늘도 흰구름은 산을 넘는데
메아리 불러본다 나만 혼자서

동요
그리운 언덕

강원도

꽃밭에서

춘천시 석사동 춘천교육대학 교정

♩ 어효선 작사 권길상 작곡

아빠하고 나하고 만든 꽃밭에
채송화도 봉숭아도 한창입니다
아빠가 매어놓은 새끼줄 따라
나팔꽃도 어울리게 피었습니다

애들하고 재밌게 뛰어놀다가
아빠 생각나서 꽃을 봅니다
아빠는 꽃 보며 살자 그랬죠
날 보고 꽃 같이 살자 그랬죠

♪ 동요
꽃밭에서

나 하나의 사랑

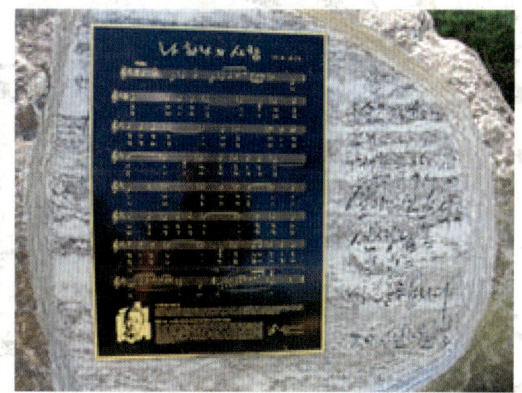

춘천시 남산면 남이섬 노래박물관 앞

♪ 손석우 작사 손석우 작곡   송민도 노래

나 혼자만이 그대를 알고 싶소
나 혼자만이 그대를 갖고 싶소
나 혼자만이 그대를 사랑하여
영원히 영원히 행복하게 살고싶소

나 혼자만을 그대여 생각해주
나 혼자만을 그대여 사랑해주
나 혼자만을 그대는 믿어주고
영원히 영원히 변함없이 사랑해주

강원도

내 마음

강릉시 사천면 농업기술센터 입구

김동명 작시 김동진 작곡

내 마음은 호수요 그대 저어 오오
나는 그대의 흰 그림자를 안고
옥같이 그대의 뱃전에 부서지리다

내 마음은 촛불이요 그대 저 문을 닫아주오
나는 그대의 비단 옷자락에 떨며
고요히 최후의 한방울도 남김없이 타오리다

내 마음은 나그네요 그대 피리를 불어주오
나는 달 아래 귀를 기우리며
호젓이 나의 밤을 새이오리다

내 마음은 낙엽이오 잠깐 그대의 뜰에 머무르게 하오
이제 바람이 불면 나는 또 나그네같이
외로이 그대를 떠나리다

♪ 가곡
내 마음

강원도

대관령

강릉시 성산면 대관령 옛길

 신봉승 작시 박경규 작곡

저기 물안개 소낙비 아련한 산은
그래도 움직이는 한 폭의 비단
저기 빨간 단풍으로 색칠한 산은
의연히 손짓하며 우릴 부르네
대관령 아흔아홉 대관령 구비구비는
내 인생 초록물 들이면서 나그네가 되라네

저기 찬바람 하얀 눈 소복한 산은
누구를 기다리다 봄은 머언데
저기 진달래 철쭉으로 불타는 산은
구름도 수줍어서 쉬어 넘는데
대관령 아흔아홉 대관령 구비구비는
내 인생 보슬비 맞으면서 나그네가 되라

강원도

동무 생각

춘천시 남산면 남이섬 노래박물관 앞

이은상 작시 박태준 작곡

봄의 교향악이 울려 퍼지는
청라 언덕 위에 백합 필 적에
나는 흰 나리꽃 향내 맡으며
너를 위해 노래 노래 부른다
청라 언덕과 같은 내 마음에 백합 같은 내동무야
네가 내게서 피어날 적에 모든 슬픔이 사라진다

더운 백사장에 밀려드는
저녁 조수 위에 흰 새 뛸 적에
나는 멀리 산천 바라보면서
너를 위해 노래 노래 부른다
저녁 조수와 같은 내 맘에 흰 새 같은 내 동무야
네가 내게서 떠돌 때에는 모든 슬픔이 사라진다

서리 바람 부는 낙엽동산 속
꽃의 연당에서 금새 뛸 적에
나는 깊이 물 속 굽어보면서
너를 위해 노래 노래 부른다
꽃진 연당과 같은 내 맘에 금새 같은 내 동무야
네가 내게서 뛰놀 때에는 모든 슬픔이 사라진다

소리없이 오는 눈발 사이로
밤의 장안에서 가등 빛날 때
나는 높이 성궁 쳐다보면서
너를 위해 노래 노래 부른다
밤의 장안과 같은 내 맘에 가등 같은 내 동무야
네가 내게서 빛날 때에는 모든 슬픔이 사라진다

♪ 가곡
동무 생각

강원도

두견새 우는 청령포

영월군 영월읍 청령포 주차장

이만진 작사　한복남 작곡　심수경 노래

왕관을 벗어놓고 영월 땅이 웬말이냐
두견새 벗을 삼고 슬픈 노래 부르며
한양천리 바라보고 원한으로 삼년 세월
아~ 애달픈 어린 임금 장릉에 잠들었네

두견새 구슬프게 지저귀는 청령포야
치솟은 기암절벽 구비치는 물결은
말해다오 그 옛날의 단종대왕 귀양살이
아~ 오백년 그 역사에 비각만 남아 있네

동강물 맑은 곳에 비춰주는 달을 보고
님 가신 뒤를 따라 꽃과 같이 사라진
아름다운 궁녀들의 그 절개가 장하고나
아~ 낙화암 절벽에는 진달래 피고 지네

가요
두견새 우는 청령포

강원도

마의태자

홍천군 서석면과 인제군 상남면 경계 행치령 고개마루

정두수 작사 임종수 작곡 조영남 노래

행치령 고개넘어 백자동 고개넘어
산새도 오지 않는 깊은 산골 갑둔리
달빛보다 더 푸른 천추의 그 푸른 한
나라를 찾겠노라 그 큰 뜻을 품은 채
어찌 눈을 감으셨나 마의태자 우리 님

하늘이 버리셨나 바람도 스산하다
무덤조차 잃어버린 첩첩산중 김부리
꽃보다도 더 붉은 망국의 그 붉은 한
세월아 말을 하라 통한의 그 역사
어찌 눈을 감으셨나 마의태자 우리 님

가요
마의태자

강원도

모닥불

원주시 무실동 박건호공원

박건호 작사 박인희 작곡 박인희 노래

모닥불 피워놓고 마주 앉아서
우리들의 이야기는 끝이 없어라

인생은 연기속에 재를 남기고   타다가 꺼지는 그 순간까지
말없이 사라지는 모닥불 같은것   우리들의 이야기는 끝이 없어라

가요 ♪
모닥불

강원도

방랑시인 김삿갓

영월군 김삿갓면 김삿갓문학관 입구

김문웅 작사   전오승 작곡   명국환 노래

죽장에 삿갓 쓰고 방랑 삼천리
흰 구름 뜬 고개 넘어 가는 객이 누구냐
열두 대문 문간방에 걸식을 하며
술 한 잔에 시 한 수로 떠나가는 김삿갓

세상이 싫던가요 벼슬도 버리고
기다리는 사람 없는 이 거리 저 마을로

손을 젓는 집집마다 소문을 놓고
푸대접에 껄껄대며 떠나가는 김삿갓

바람에 지치었나 사랑에 지치었나
개나리 봇짐지고 가는 곳이 어데냐
팔도강산 타향살이 몇몇 해 던가
석양지는 산마루에 잠을 자는 김삿갓

♪ 가요
방랑시인 김삿갓

봄날은 간다

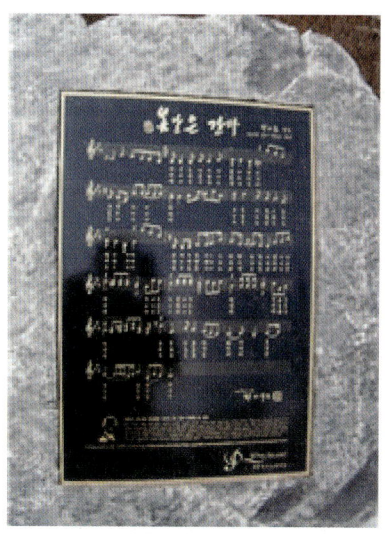

춘천시 남산면 남이섬 노래박물관 앞

 손로원 작사 박시춘 작곡 백설희 노래

연분홍 치마가 봄바람에 휘날리더라
오늘도 옷고름 씹어가며
산제비 넘나들던 성황당 길에
꽃이 피면 같이 웃고
꽃이 지면 같이 울던
알뜰한 그 맹세에 봄날은 간다.

새파란 풀잎이 물에 떠서 흘러가더라
오늘도 꽃 편지 내던지며
청노새 짤랑대는 역마차 길에
별이 뜨면 서로 웃고
별이 지면 서로 울던
실없는 그 기약에 봄날은 간다.

열아홉 시절은 황혼 속에 슬퍼지더라
오늘도 앙가슴 두드리며
뜬구름 흘러가는 신작로 길에
새가 날면 따라 웃고
새가 울면 따라 울던
얄궂은 그 노래에 봄날은 간다.

가요 ♪
봄날은 간다

강원도

비목

화천군 화천읍 평화의 댐 옆 화천비목공원

♫ 한명희 작시 장일남 작곡

초연이 쓸고 간 깊은 계곡 양지녘에
비바람 긴 세월로 이름 모를 비목이여
먼 고향 초동 친구 두고 온 하늘 가
그리워 마디마디 이끼 되어 맺혔네

궁노루 산울림 달빛 타고 흐르는 밤
홀로 선 적막감에 울어 지친 비목이여
그 옛날 천진스런 추억은 애달퍼
서러움 알알이 돌이 되어 쌓였네

♪ 가곡
비목

사공의 노래

강릉시 저동 경포호 산책로

함호영 작시 홍난파 작곡

두둥실 두리둥실 배 떠나간다
물 맑은 봄 바다에 배 떠나간다
이 배는 달 맞으러 강릉 가는 배
어기야 디여라차 노를 저어라

순풍에 돛 달고서 어서 떠나자
서산에 해 지면은 달 떠 온단다
두둥실 두리둥실 배 떠나가네
물 맑은 봄 바다에 배 떠나간다

강원도

설악가

속초시 노학동 국립산악박물관 내

🎵 이정훈 작사 이정훈 작곡 신현대 노래

굽이져 흰 띠 두른 능선길 따라
달빛에 걸어가는 계곡의 여운을
내 어이 잊으리오 꿈같은 산행을
잘 있거라 설악아 내 다시 오리니

저 멀리 능선 위에 철쭉꽃 필적에
너와 나 다정하게 손잡고 걷던 길
내 어이 잊으리오 꿈 같은 산행을
잘 있거라 설악아 내 다시 오리니

🎵 가요
설악가

강원도

세월이 가면

강릉시 저동 경포호반

인제군 인제읍 합강정 옆

인제군 인제읍 박인환기념관 앞

♪ 박인환 작시 이진섭 작곡 박인희 노래 (원창 계수남)

지금 그 사람 이름은 잊었으나
그의 눈동자 입술은
내 가슴에 있네

바람이 불고
비가 올 때도
나는 저 유리창 밖
가로등 그늘의 밤을 잊지 못하네
사랑은 가고 과거는 남는 것
여름날의 호숫가

가을의 공원
그 벤치 위에
나뭇잎은 떨어지고
나뭇잎은 흙이 되고
나뭇잎에 덮여
우리의 사랑이 사라진다 해도

지금 그 사람 이름은 잊었으나
그의 눈동자 입술은
내 가슴에 있네
내 서늘한 가슴에 있네

가곡 ♪
세월이 가면

강원도

소양강 처녀

춘천시 우두동 소양2교 남단 산책로 옆

♪ 반야월 작사   이 호 작곡   김태희 노래

해 저문 소양강에 황혼이 지면
외로운 갈대밭에 슬피우는 두견새야
열여덟 딸기같은 어린 내 순정
너마저 몰라주면 나는 나는 어쩌나
아~ 그리워서 애만 태우는 소양강 처녀

동백꽃 피고지는 계절이 오면
돌아와 주신다고 맹세하고 떠나셨죠
이렇게 기다리다 멍든 가슴에

떠나고 안오시면 나는 나는 어쩌나
아~ 그리워서 애만 태우는 소양강 처녀

달 뜨는 소양강에 조각배 띄워
사랑의 소야곡을 불러주던 님이시여
풋가슴 언저리에 아롱진 눈물
얼룩져 번져나면 나는 나는 어쩌나
아~ 그리워서 가슴 태우는 소양강 처녀

♪ 가요
소양강 처녀

수선화

강릉시 저동 경포호 산책길

김동명 시   김동진 작곡

그대는 차디찬 의지의 날개로
끝없는 고독의 위를 날으는
애닮은 마음

또한 그리고 그리다가 죽는
죽었다가 다시 살아 또다시 죽는
가여운 넋은 아닐까

부칠 곳 없는 정열을
가슴속 깊이 감추이고

찬 바람에 빙그레 웃는 적막한 얼굴이여

그대는 신의 창작집 속에서
가장 아름답게 빛나는
불멸의 소곡

또한 나의 작은 애인이니
아아, 내 사랑 수선화야
나도 그대를 따라 저 눈길을 걸으리

강원도

아! 대한민국

원주시 무실동 박건호공원

♪ 박건호 작사 김재일 작곡 정수라 노래

하늘엔 조각구름 떠있고 강물엔 유람선이 떠있고 도시엔 우뚝솟은 빌딩들 농촌엔 기름진 논과 밭
저마다 누려야할 행복이 언제나 자유로운 곳 저마다 자유로움 속에서 조화를 이뤄가는 곳
뚜렷한 사계절이 있기에 볼수록 정이드는 산과 들 도시는 농촌으로 향하고 농촌은 도시로 이어져
우리의 마음속에 이상이 끝없이 펼쳐지는 곳 우리의 모든 꿈은 끝없이 세계로 뻗어 가는 곳
(후렴)
원하는 것은 무엇이든 얻을 수 있고 뜻하는 것은 무엇이건 될 수가 있어
이렇게 우린 은혜로운 이 땅을 위해 이렇게 우린 이 강산을 노래부르네
아아 우리 대한민국 아아 우리 조국 아아 영원토록 사랑하리라
우리 대한민국 아아 우리 조국 아아 영원토록 사랑하리라

♪ 가요
아! 대한민국

아우라지

정선군 여량면 아우라지

🎵 정공채 작시 변 훈 작곡

아우라지 강가에 수줍은 처녀
그리움에 설레어 오늘도 서 있네
뗏목타고 떠난 님 언제 오시나
물길 따라 긴 세월 흘러 흘러갔는데

(후렴)
아우라지 처녀가 애태우다가
아름다운 올동백 꽃이 되었네

아우라지 정선에 애닯은 처녀
해가 지고 달 떠도 떠날 줄 모르네.
뗏사공이 되신 님 가면 안 오나
바람 따라 흰 구름 둥실 둥실 떴는데

강원도

연인들의 이야기

원주시 무실동 박건호공원

♬ 박건호 작사 계동균 작곡 임수정 노래

무작정 당신이 좋아요.
이대로 옆에 있어 주세요.
하고픈 이야기 너무 많은데
흐르는 시간이 아쉬워.
멀리서 기적이 우네요.
누군가 떠나가고 있어요.
영원히 내 곁에 있어 주세요.
이별은 이별은 싫어요.

무작정 당신이 좋아요.
이대로 옆에 있어 주세요.
이렇게 앉아서 말은 안 해도
가슴을 적시는 두 사람
창밖엔 바람이 부네요.
누군가 사랑하고 있어요.
우리도 그런 사랑 주고받아요.
이별은 이별은 싫어요.

♪ 가요
연인들의 이야기

강원도

용호강 노래

홍천군 내촌면 척야산문화수목원

정두수 작사 이유림 작곡 설운도 노래

척야산 휘돌아서 흘러가는 용호강아
한 줄기 그 물길은 누구의 마음이냐
두견새 울 때 마다 생각나는 우리 님아
가심님 그 사연을 너도 알고 우는구나

매봉산을 보면서 당재봉도 바라보며
흐르는 용호강은 누구의 마음이냐
진달래 필 때 마다 보고 싶은 우리 님아
한 맺힌 그 사연을 너도 알고 피었는가

이 소원 잊지 말아주

홍천군 서석면 앙천루 입구

정두수 작사   정경천 작곡   나훈아 노래

하늘이여 하늘이여 내 조국의 하늘이여
이 겨레를 살피소서 이 민족을 살피소서
빼앗긴 나라를 찾는 길이라면
이 한 목숨 바치리다 천만번 바치리다
앙천봉 산마루에 타는 노을은
지나가는 바람잡고 울고 있구나
어허 어허 하늘이여

세월은 한줄기 저 바람 같은 것
흘러가는 구름이여 무심한 강물이여
거칠던 이 들녘에 새 봄이 오면
피눈물로 빌고 빌던 소원 잊지 말아주

♪ 가요
이 소원 잊지 말아주

자작고개

홍천군 서석면 동학혁명기념탑앞

정두수 작사 이유림 작곡 주현미 노래

생각을 말자 그러나 잊어서는 안된다
동학군 목숨 다 바친 자작고개 역사를
누굴 위해 들었던가 그 깃발 찢기던 그날
저 하늘 저 구름도 눈물이 앞을 가려
자작고개 이 언덕을 비켜가지 않더냐

생각을 말자 그러나 잊어서는 안된다
동학군 목숨 다 바친 자작고개 역사를
누굴 위해 들었던가 그 깃발 찢기던 그날
피 맺힌 가슴 맺힌 그 한을 어찌 풀까
자작고개 언덕에서 목숨 거둔 님 들아

강원도

척야산 진달래

홍천군 내촌면 척야산문화수목원

정두수 작사 원희명 작곡 이미자 노래

척야산 진달래 왜 그리 붉게 피는가
무슨 사연 그리 많아 붉게 피는가
두견새 울음소리 피보다 더 진하다
님을 보낸 내 마음처럼
척야산 진달래 척야산 그 진달래
해마다 피는구나 붉게도 피는구나

척야산 진달래 왜 그리 붉게 타는가
무슨 한이 그리 많아 붉게 타는가
용호강아 말해다오 그 님의 그 사연을
님이 가신 그 사연을
척야산 진달래 척야산 그 진달래
해마다 타는구나 붉게도 타는구나

♪ 가요
척야산 진달래

강원도

파도

강릉시 주문진읍 아들바위공원

이인선 작사 김영종 작곡 배 호 노래

부딪쳐서 깨어지는 물거품만 남기고
가버린 그 사람을 못 잊어 웁니다
파도는 영원한데 그런 사랑을
맺을 수도 있으련만 밀리는 파도처럼
내 사랑도 부서지고 물거품만 맴을 도네

그렇게도 그리운 정 파도 속에 남기고
지울 수 없는 사연 괴로워 웁니다
추억은 영원한데 그런 이별은
없을 수도 있으련만 울고픈 이 순간에
사무치는 괴로움에 파도만이 울고 가네

가요 ♪
파도

강원도

화진포에서 맺은 사랑

고성군 현내면 화진포해양박물관 앞

고성군 현내면 생태박물관 앞

고성군 현내면 초도항 방파제

♪ 황우루 작사 황우루 작곡 이씨스터즈 노래

황금물결 찰랑대는 정다운 바닷가
아름다운 화진포에 맺은 사랑아
꽃 구름이 흘러가는 수평선 저 너머
푸른 꿈이 뭉게뭉게 가슴 적시면
조개 껍질 주어 모아 마음을 수 놓고
영원토록 변치말자 맹세한 사람

은물결이 반짝이는 그리운 화진포
모래위에 새겨 놓은 사랑의 언약
흰 돛단 배 흘러가는 수평선 저 멀리
오색꿈이 곱게곱게 물결 쳐 오면
모래성을 쌓아놓고 손가락 걸며
영원토록 변치말자 맹세한 사람

♪ 가요
화진포에서 맺은 사랑

강원도

강릉아가씨

강릉시 전투비행단(인터넷 발췌)

계촌의 노래

평창군 방림면 계촌4리

김광석 노래비

춘천시 남산면 남이섬 노래박물관앞

아우라지

정선군 여량면 아우라지

안사람 의병가

춘천시 삼천동 청소년도서관

안사람 의병노래

홍천군 내촌면 척야산문화수목원

♪ 기타
한국의노래비

강원도

안사람 의병노래

춘천시 남면 윤희순 의사 생가터

애달픈 노래

춘천시 남면 춘천애국지사묘역

양양팔경가

양양군 서면 수리 남대천변

정선아리랑

정선군 정선읍사무소

정선아리랑 민요비

정선군 정선읍 비봉산공원

정선아리랑 뱃사공

정선군 여량면 아우라지

기타 ♪
한국의노래비

강원도

학마을 노래

강릉시 구정면 학산리

노래 판각 (박건호 작사)
원주시 무실동 박건호 공원

강원도

괜찮아

작곡 이범희   노래 이선희

구름 같은 인생

작곡 김영광   노래 이자연

그대 모습은 장미

작곡 강인원   노래 민해경

기다리게 해놓고

작곡 장욱조   노래 방주연

끝이 없는 길

작곡 박인희   노래 박인희

내 곁에 있어주

작곡 김영광   노래 이수미

강원도

단발머리

작곡 조용필　노래 조용필

목마와 사랑

작곡 이범희　노래 김상희

무정부르스

작곡 김영광　노래 강승모

물 같은 사랑

작곡 최주호　노래 최혜영

바야야

작곡 오동식　노래 이정희

빈 의자

작곡 최종혁　노래 장재남

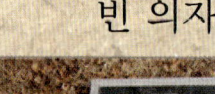

강원도

빙글빙글

작곡 김명곤   노래 나 미

빛과 그림자

작곡 박춘석   노래 한울타리

새끼 손가락

작곡 이현섭   노래 장종숙

아베마리아

작곡 계동균   노래 김승덕

어젯밤 이야기

작곡 이정훈   노래 소방차

연인들의 이야기

작곡 계동균   노래 임수정

판각
한국의노래비

강원도

오직 하나 뿐인 그대

작곡 유영선   노래 심 신

우린 너무 쉽게 헤어졌어요

작곡 김희갑   노래 최진희

이 거리를 생각하세요

작곡 오동식   노래 정은아

이별이래

작곡 최종혁   노래 유 열

인어 이야기

작곡 김기웅   노래 허 림

잃어버린 30년

작곡 남국인   노래 설운도

강원도

잊혀진 계절

작곡 이범희   노래 이 용

지난 여름날의 이야기

작곡 윤 호   노래 딱따구리 앙상블

치악산

작곡 이대헌   노래 이대헌

토요일은 밤이 좋아

작곡 이호준   노래 김종찬

풀잎 이슬

작곡 김희갑   노래 정수라

제11장
충청북도

감자꽃(동요) / 고향(가곡) / 구슬비(동요) / 맴맴(동요) / 명성황후(가요) /
비목(가곡) / 산막이 옛길(가요) / 세월이 가면(가곡) / 엄마야 누나야(동요) /
울고 넘는 박달재(가요) / 월악산(가요) / 좋아졌네(가요) / 짝짜꿍(동요) /
추풍령(가요) / 탄금대 사연(가요) / 향수(가곡) / 로뎀의 종소리(애향가) /
수안보 온천(민속음악) / 장군의 노래(기타) / 청주시민의 노래(애향가) /
홍와촌 노래(애향가)

충청북도

감자꽃

충주시 칠금동 탄금대공원

♪ 권태웅 작사 신동일 외 작곡

자주꽃 핀 건 자주 감자
파 보나 마나 자주 감자

하얀꽃 핀 건 하얀 감자
파 보나 마나 하얀 감자

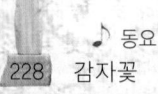

♪ 동요
감자꽃

고향

옥천군 옥천읍 지용문학공원

옥천군 옥천읍 옥천역 광장

옥천군 옥천읍 문정리

정지용 작시 채동선 작곡

고향에 고향에 돌아와도
그리던 고향은 아니러뇨

산꿩이 알을 품고
뻐꾸기 제철에 울건만

마음은 제 고향 지니지 않고
머언 항구로 떠도는 구름

오늘도 메 끝에 홀로 오르니
흰점 꽃이 인정스레 웃고

어린 시절에 불던
풀피리 소리 아니 나고
메마른 입술에 쓰디 쓰다

고향에 고향에 돌아와도
그리던 하늘만이 높푸르구나

충청북도

구슬비

충주시 동량면 충주댐 우안공원휴게소

권오순 작사 안병원 작곡

송알송알 싸리잎에 은구슬
조롱조롱 거미줄에 옥구슬
대롱대롱 풀잎마다 총총
방긋 웃는 꽃잎마다 송송송

고이고이 오색실에 꿰어서
달빛 새는 창문가에 두라고
포슬포슬 구슬비는 종일
예쁜 구슬 맺히면서 솔솔솔

동요
구슬비

맴 맴

음성군 생극면 생2리 마을입구

음성군 생극면 음성동요학교 입구

윤석중 작사 박태준 작곡

아버지는 나귀 타고 장에 가시고   할머니는 돌떡 받아 머리에 이고   아버지가 옷감 떠서 나귀에 싣고
할머니는 건너 마을 아저씨 댁에   꼬불꼬불 산골길로 오실 때까지   딸랑딸랑 고개 넘어 오실 때까지
고추 먹고 맴맴 담배 먹고 맴맴   고추 먹고 맴맴 담배 먹고 맴맴   고추 먹고 맴맴 담배 먹고 맴맴

충청북도

명성황후

충주시 노은면 가신3리 명성황후 유허지

♪ 류호담 작사 백 봉 작곡 양나미 노래

임오군란 피난살이 야월삼경 깊은 밤에
찢어진 문틈으로 서울하늘 바라보며
환궁할 날 기다리며 칠성님께 비는 마음
아느냐 모르느냐 국망산에 우는 새야
너마저 슬피울면 명성황후 중전마마
그 마음을 어찌하라고

구중궁궐 돌아보며 삼백리길 떠나올 때
찢어지는 가슴안고 북두칠성 바라보며
원한 맺힌 아픈 사연 인왕산에 비는 마음
아느냐 모르느냐 산아 산아 국망산아
그 마음 모르시면 명성황후 중전마마
그 아픔을 어떡하라고

♪ 가요
명성황후

비목

충주시 주덕읍 읍사무소

한명희 작시 장일남 작곡

초연이 쓸고 간 깊은 계곡 양지녘에
비바람 긴 세월로 이름 모를 비목이여
먼 고향 초동 친구 두고 온 하늘 가
그리워 마디마디 이끼 되어 맺혔네

궁노루 산울림 달빛 타고 흐르는 밤
홀로 선 적막감에 울어 지친 비목이여
그 옛날 천진스런 추억은 애달퍼
서러움 알알이 돌이 되어 쌓였네

충청북도

산막이 옛길

괴산군 칠성면 연하협 구름다리 입구

♪ 임각수 작사 유영환 작곡 청 이 노래

산막이 옛길 걷던 님이 그리워
추억 찾아 내가 왔어요
군사산 비학봉에 두 손 모아
빌고 빌면 만나게 될까
괴산호 산막이 아름다운 산수에
취해 버려 맺어진 사연
찔레 향기 가슴 깊이 피어 오르면
만나려나 그리운 내 님아
만나려나 사랑한 내 님아

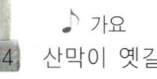

♪ 가요
산막이 옛길

세월이 가면

음성군 생극면 큰바위얼굴조각공원

박인환 작시 이진섭 작곡 박인희 노래 (원창 계수남)

지금 그 사람 이름은 잊었지만
그 눈동자 입술은
내 가슴에 있네

바람이 불고
비가 올 때도
나는 저 유리창 밖
가로등 그늘의 밤을 잊지 못하지
사랑은 가고 옛날은 남는 것
여름날의 호숫가

가을의 공원
그 벤치 위에
나뭇잎은 떨어지고
나뭇잎은 흙이 되고
나뭇잎에 덮여서
우리들 사랑이 사라진다 해도

지금 그 사람 이름은 잊었지만
그의 눈동자 입술은
내 가슴에 있네
내 서늘한 가슴에 있네

가곡 ♪
세월이 가면

충청북도

엄마야 누나야

옥천군 옥천읍 지용문학공원

음성군 생극면 큰바위얼굴조각공원

🎵 김소월 작사 안성현·김광수 작곡

엄마야 누나야 강변 살자
뜰에는 반짝이는 금모래 빛
뒷문 밖에는 갈잎의 노래
엄마야 누나야 강변 살자

🎵 동요
엄마야 누나야

충청북도

울고넘는 박달재

제천시 봉양읍 원박리 박달재 서원휴게소

♪ 반야월 작사 김교성 작곡 박재홍 노래

천등산 박달재를 울고넘는 우리님아
물항라 저고리가 궂은비에 젖는구려
왕거미 집을 짓는 고개마다 구비마다
울었오 소리쳤오 이 가슴이 터지도록

부엉이 우는 산골 나를 두고 가는님아
돌아올 기약이나 성황님께 빌고가소
도토리 묵을 싸서 허리춤에 달아주며
한사코 우는구나 박달재의 금봉이야

박달 재 하늘고개 울고넘는 눈물고개
돌뿌리 걷어차며 돌아서는 이별길아
도라지 꽃이피는 고개마다 구비마다
금봉아 불러보나 산울림만 외롭구나

충청북도

월악산

제천시 덕산면 월악리 신륵사 입구 체육공원

♬ 이종학 작사 백 봉 작곡 주현미 노래

월악산 난간머리 희미한 저 달아
천년사직 한이 서린 1천 3백리
너는 아느냐 아바마마 그리움을
마애불에 심어놓고 떠나신 우리님을
월악산아 월악산아 말 좀 해다오
그 님의 소식을

금강산 천리먼길 흘러가는 저 구름아
마의태자 덕주공주 한많은 사연
너는 아느냐 하늘도 부끄러워
짚신에 삿갓쓰고 걸어온 하늘재를
월악산아 월악산아 말 좀 해다오
그 님의 소식을

♪ 가요
월악산

충청북도

좋아졌네

충주시 산척면 면사무소

이진호 작사   전석환 작곡   이씨스터즈 노래

좋아졌네 좋아졌어 몰라보게 좋아졌어
이리 보아도 좋아졌고 저리 보아도 좋아졌어
우물가에 물을 긷는 순이 얼굴이 하하
소를 모는 목동들의 웃는 얼굴이 하하
마을마다 길가에는 예쁜 꽃들이 하하
랄랄랄랄랄랄랄랄라

좋아졌네 좋아졌어 몰라보게 좋아졌어
이리 보아도 좋아졌고 저리 보아도 좋아졌어
골목골목 아침인사 우리 마을이 하하
골목골목 고운인사 우리 생활이 하하
서로 믿고 서로 돕는 우리 인심이 하하
좋아졌네 좋아졌어 몰라보게 좋아졌어
이리 보아도 좋아졌고 저리 보아도 좋아졌어
랄랄랄랄랄랄랄랄라

충청북도

짝짜꿍

옥천군 옥천읍 옥천문화예술회관

윤석중 작사   정순철 작곡

엄마앞에서 짝짜꿍
아빠앞에서 짝짜꿍
엄마 한숨은 잠자고
아빠 주름살 펴져라

햇님 보면서 짝짜꿍
도리도리 짝짜꿍
우리 엄마가 웃는다
우리 아빠가 웃는다

♪ 동요
짝짜꿍

추풍령

영동군 추풍령면 추풍령리

전범성 작사   백영호 작곡   남상규 노래

구름도 자고 가는 바람도 쉬어가는
추풍령 구비마다 한많은 사연
흘러간 그 세월을 뒤돌아보는
주름진 그 얼굴에 이슬이 맺혀
그 모습 흐렸구나 추풍령 고개

기적도 숨이 차서 목메어 울고 가는
추풍령 구비마다 싸늘한 철길
떠나간 아쉬움이 뼈에 사무쳐
거치른 두 뺨 위에 눈물이 어려
그 모습 어렸구나 추풍령 고개

탄금대 사연

충주시 칠금동 탄금대공원

이병환 작사 백 봉 작곡 주현미 노래

탄금정 굽이 돌아 흘러가는 한강수야
신립장군 배수진이 여기인가요
열두대 굽이치는 강물도 목메는데
그 님은 어디가고 물새만이 슬피우나

송림이 우거져서 산새도 우는가요
가야금이 울었다고 탄금인가요
우륵이 풍류읊던 대문산 가는 허리
노을진 남한강에 님 부르는 탄금아가씨

충청북도

향수

옥천군 옥천읍 하계리 정지용 생가

옥천군 옥천읍 옥천문화원

♪ 정지용 작시 김희갑 작곡 이동원, 박인수 노래

넓은 벌 동쪽 끝으로
옛이야기 지줄대는 실개천이 휘돌아 나가고,
얼룩백이 황소가
해설피 금빛 게으른 울음을 우는 곳,
그곳이 차마 꿈엔들 잊힐리야.

질화로에 재가 식어지면
뷔인 밭에 밤바람 소리 말을 달리고,
엷은 졸음에 겨운 늙으신 아버지가
짚벼개를 돋아 고이시는 곳,
그곳이 차마 꿈엔들 잊힐리야.

흙에서 자란 내 마음
파아란 하늘 빛이 그리워
함부로 쏜 화살을 찾으려
풀섶 이슬에 함추름 휘적시던 곳,
그곳이 차마 꿈엔들 잊힐리야.

전설바다에 춤추는 밤물결 같은
검은 귀밑머리 날리는 어린 누이와
아무렇지도 않고 예쁠 것도 없는
사철 발벗은 아내가
따가운 햇살을 등에 지고 이삭 줍던 곳,
그곳이 차마 꿈엔들 잊힐리야.

하늘에는 성근 별
알 수도 없는 모래성으로 발을 옮기고,
서리 까마귀 우지 짖고 지나가는
초라한 지붕,
흐릿한 불빛에 돌아앉아 도란도란 거리는 곳,
그곳이 차마 꿈엔들 잊힐리야.

가요 ♪
향수

충청북도

로뎀의 종소리

제천시 송학면 로뎀청소년학교

수안보 온천(전래민요)

충주시 수안보면 수안보온천지구

장군의 노래

청주시 외평동 최영장군 영당 입구

청주 시민의 노래

청주시 상당구 중앙공원

홍와촌 노래

청주시 상당구 영동

 ♪ 기타

제12장 충청남도

가고파(가곡) / 가슴 아프게(가요) / 갑돌이와 갑순이(가요) /
강 건너 봄이 오듯(가곡) / 고향(가곡) / 고향의 노래(가곡) / 고향의 봄(동요) /
그리운 금강산(가곡) / 금산아가씨(가요) / 기러기 아빠(가요) / 꽃밭에서(가요) /
내 고향 삽교를 아시나요(삽다리)(가요) / 내 마음 그 깊은 곳에(가곡) /
님의 노래(가곡) / 님이 오시는지(가곡) / 두메산골(가요) / 만리포 사랑(가요) /
모닥불(가요) / 모래성(가요) / 물길 백리 꽃길 백리(가요) /
물레방아 도는데(가요) / 반달(동요) /
백마강(가요) / 백제야화(가요) / 봉숭아(가곡) / 비목(가곡) / 빗속에서(가곡) /
산유화(가곡) / 삽다리 총각(가요) / 서산 갯마을(가요) / 선창(가요) /
수목원에서(가곡) / 슬프도록 보고픈 이여(가곡) / 신성리 갈대밭 연가(가요) /
신토불이(가요) / 아씨(가요) / 안면도 꽃지 사랑(가곡) / 얼굴(가곡) /
옛 친구(가곡) / 저녁에(가곡) / 조개 껍질 묶어(가요)

충청남도

가고파

보령시 성주면 개화예술공원

이은상 작시 김동진 작곡

내 고향 남쪽 바다 그 파란 물 눈에 보이네
꿈엔들 잊으리오 그 잔잔한 고향바다
지금도 그 물새들 날으리 가고파라 가고파
어릴제 같이 놀던 그 동무들 그리워라
어디 간들 잊으리요 그 뛰놀던 고향동무
오늘은 다 무얼 하는고 보고파라 보고파
그 물새 그 동무들 고향에 다 있는데
나는 왜 어이타가 떠나 살게 되었는고
온갖 것 다 뿌리치고 돌아갈까 돌아가
가서 한데 얼려 옛날같이 살고지고
내 마음 색동옷 입혀 웃고 웃고 지내고저
그날 그 눈물 없던 때를 찾아가자 찾아가
물 나면 모래판에서 가재 거이랑 달음질하고
물 들면 뱃장에 누워 별 헤다 잠들었지
세상 일 모르던 날이 그리워라 그리워
돌아가 알몸으로 깨끗이도 깨끗이

여기 물어 보고 저기 가 알아 보나
내 몫엔 즐거움은 아무 데도 없는 것을
두고 온 내 보금자리에 가 안기자 가 안겨
처자들 어미 되고 동자들 아비 된 사이
인생의 가는 길이 나뉘어 이렇구나
잃어진 내 기쁨이 길이 아까워라 아까워
일하여 시름 없고 단잠 들어 죄 없는 몸이
그 바다 물소리를 밤낮에 듣는구나
벗들아 너희는 복된 자다 부러워라 부러워
옛 동무 노 젓는 배에 얻어 올라 치를 잡고
한 바다 물을 따라 나명들명 살까이나
맞잡고 그물 던지며 노래하자 노래해
거기 아침은 오고 또 거기 석양은 져도
찬 얼음 센 바람은 들지 못하는 그 나라로
돌아가 알몸으로 살꺼나 살꺼나

♪ 가곡
가고파

가슴 아프게

보령시 성주면 개화예술공원

정두수 작사 박춘석 작곡   남 진 노래

당신과 나 사이에 저 바다가 없었다면
쓰라린 이별만은 없었을 것을
해 저문 부두에서 떠나가는 연락선을
가슴 아프게 가슴 아프게
바라보지 않았으리
갈매기도 내 마음 같이 목메어 운다

당신과 나 사이에 연락선이 없었다면
날 두고 떠나지는 않았을 것을
아득히 바다 멀리 떠나가는 연락선을
가슴 아프게 가슴 아프게
바라보지 않았으리
갈매기도 내 마음 같이 목메어 운다

충청남도

갑돌이와 갑순이

논산시 연무읍 육군훈련소 입소대대 앞

김다인(전래민요) 작사 전기현 작곡 라음파 편곡 김세레나 노래

갑돌이와 갑순이는 한마을에 살았드래요
둘이는 서로서로 사랑을 했드래요
그러나 둘이는 마음뿐이래요
겉으로는 음-음- 모르는 척 했드래요

그러다가 갑순이는 시집을 갔드래요
시집간 날 첫 날 밤에 한없이 울었드래요

갑순이 마음은 갑돌이 뿐이래요
겉으로는 음-음- 안 그런 척 했드래요

갑돌이도 화가 나서 장가를 갔드래요
장가간 날 첫 날 밤에 달 보고 울었드래요
갑돌이 마음은 갑순이 뿐이래요
겉으로는 음-음- 고까짓 것 했드래요

♪ 가요
갑돌이와 갑순이

충청남도

강 건너 봄이 오듯

보령시 성주면 개화예술공원

송길자 작시   임긍수 작곡

앞 강에 살얼음은 언제나 풀릴꺼나
짐 실은 배가 저만큼 새벽안개 헤쳐왔네
연분홍 꽃다발 한아름 안고서
물 건너 우련한 빛을 우련한 빛을 강마을에 내리누나
앞강에 살얼음은 언제나 풀릴 꺼나
짐 실은 배가 저만큼 새벽안개 헤쳐왔네

오늘도 강물 따라 뗏목처럼 흐를꺼나
새소리 바람 소리 물 흐르듯 나부끼네
내 마음 어둔 골에 나의 봄 풀어놓아
화사한 그리움 말 없이 그리움 말 없이
말 없이 흐르는구나
오늘도 강물 따라 뗏목처럼 흐를 꺼나
새소리 바람 소리 물 흐르듯 나부끼네

가곡
강 건너 봄이 오듯

충청남도

고향

홍성군 결성면 민족시비공원

정지용 작시 채동선 작곡

고향에 고향에 돌아와도
그리던 고향은 아니러뇨

산꿩이 알을 품고
뻐꾸기 제철에 울건만

마음은 제 고향 지니지 않고
머언 항구로 떠도는 구름

오늘도 메 끝에 홀로 오르니
흰점 꽃이 인정스레 웃고

어린 시절에 불던
풀피리 소리 아니 나고
메마른 입술에 쓰디 쓰다

고향에 고향에 돌아와도
그리던 하늘만이 높푸르구나

가곡
고향

충청남도

고향의 노래

보령시 성주면 개화예술공원

김재호 작시   이수인 작곡

국화꽃 져버린 겨울 뜨락에
창 열면 하얗게 무서리 내리고
나래 푸른 기러기는 북녘을 날아간다
아 이제는 한적한 빈 들에서 보라
고향길 눈 속에선 꽃등불이 타겠네
고향길 눈 속에선 꽃등불이 타겠네

달 가고 해가면 별은 멀어도
산골짝 깊은 골 초가마을에
봄이 오면 가지마다 꽃잔치 흥겨우리
아 이제는 손모아 눈을 감으라
고향집 싸리울엔 함박눈이 쌓이네
고향집 싸리울엔 함박눈이 쌓이네

충청남도

고향의 봄

보령시 성주면 개화예술공원

청양군 정산면 천장호출렁다리 입구

이원수 작사 홍난파 작곡

나의 살던 고향은 꽃 피는 산골
복숭아꽃 살구꽃 아기 진달래
울긋불긋 꽃 대궐 차리인 동네
그 속에서 놀던 때가 그립습니다

꽃동네 새 동네 나의 옛 고향
파란 들 남쪽에서 바람이 불면
냇가에 수양버들 춤추는 동네
그 속에서 놀던 때가 그립습니다

♪ 동요
고향의 봄

충청남도

그리운 금강산

보령시 성주면 개화예술공원

♪ 한상억 작시 최영섭 작곡

1) 누구의 주재런가 맑고 고운 산
그리운 만 이천 봉 말은 없어도
이제야 자유 만민 옷깃 여미며
그 이름 다시 부를 우리 금강산

(후렴)
수수만년 아름다운 산 못가본 지 몇몇 해
오늘에야 찾을 날 왔나 금강산은 부른다

2) 비로봉 그 봉우리 예대로인가
흰 구름 솔바람도 무심히 가나
발아래 산해만리 보이지 마라
우리 다 맺힌 슬픔 풀릴 때까지

가곡 ♪
그리운 금강산

충청남도

금산 아가씨

금산군 금산읍 인삼약초거리

♪ 김운하 작사 이철혁 작곡 김하정 노래

별과도 속삭이네 눈웃음 치네
부풀은 열아홉살 순정 아가씨
향긋한 인삼 내음 바람에 싣고
어느 고을 도령에게 시집가려나
총각들의 애만 태우는 금산 아가씨

새하얀 꽃잎처럼 마음도 하얀
열아홉 꿈을 꾸는 순정 아가씨
산 너머 구름아래 누가 산다고
노래마다 그리운 정 가득히 담아
안 보면은 보고만 싶은 금산 아가씨

♪ 가요
금산 아가씨

충청남도

기러기 아빠

보령시 성주면 개화예술공원

김중희 작사 박춘석 작곡 이미자 노래

산에는 진달래 들엔 개나리
산새도 슬피우는 노을 진 산골에
엄마구름 애기구름 정답게 가는데
아빠는 어디 갔나 어디서 살고 있나
아 우리는 외로운 형제 길 잃은 기러기

하늘엔 조각달 강엔 찬바람
재 넘어 기적소리 한가로운 밤중에
마을마다 창문마다 등불은 밝은데
엄마는 어디 갔나 어디서 살고 있나
아 우리는 외로운 형제 길 잃은 기러기

충청남도

꽃밭에서

천안시 동남구 광덕면 천안공원묘원

♪ 이종택 작사 이봉조 작곡 정훈희 노래

꽃밭에 앉아서 꽃잎을 보네
고운 빛은 어디에서 났을까
아름다운 꽃이여 꽃이여
이렇게 좋은 날에
이렇게 좋은 날에

그 님이 오신다면
얼마나 좋을까아
꽃밭에 앉아서 꽃잎을 보네
고운 빛은 어디에서 왔을까
아름다운 꽃송이

♪ 가요
꽃밭에서

내 고향 삽교를 아시나요(삽다리)

예산군 삽교읍 삽교중고등학교 정문 앞

 조영남 작사   조영남 작곡   조영남 노래

내고향삽교를아시나요
맘씨좋은사람들만사는곳
시냇물 위에 다리를 놓아
삽다리라고부르죠
서울역에서 기차를 타고
천안을 지나고 온양을 지나
수덕사 구경을 하시려거든
삽다리 정거장서 내려야죠
봄이면 꽃산에 진달래꽃
여름이면 시냇물에 고기잡이
가을이면 학교 운동회
겨울이면 안방의 윷놀이
내고향 삽교로 날 보내주오
내고향 친구들이 사는 곳
이몸이 죽어서 천당에 못간다면
삽다리 내 고향에 묻어주오

아침엔 논밭에 개구리 소리
대낮엔 나무위의 매미 소리
해 떨어지면 들려오는
예배당의 종소리
내고향 삽교를 아시나요
맘씨좋은 사람들만 사는 곳
시냇물 위에 다리를 놓아
삽다리라고 부르죠

내고향 삽교로 날 보내주오
어릴때 친구들이 사는 곳
이 세상 천지에 제일
가고 싶은 곳
내고향 삽다리랍니다
내고향 삽교를 아시나요
맘씨좋은 사람들만 사는 곳
시냇물 위에 다리를 놓아
삽다리라고 부르죠

내고향 삽교를 아시나요
맘씨좋은 사람들만 사는 곳
시냇물 위에 다리를 놓아
삽다리라고 부르죠
내고향 삽교를 아시나요
맘씨좋은 사람들만 사는 곳
시냇물 위에 다리를 놓아
삽다리라고 부르죠
내고향 삽교를 아시나요
맘씨좋은 사람들만 사는 곳
시냇물 위에 다리를 놓아
삽다리라고 부르죠

가요 ♪
내 고향 삽교를 아시나요(삽다리)

충청남도

내 마음 그 깊은 곳에

보령시 성주면 개화예술공원

김명희 작시   이안삼 작곡

내 마음 그 깊은 곳에
내 마음 그 깊은 곳에
그리움만 남기고 떠나버린 그대여
내 마음 먹구름 되어
내 마음 비구름 되어

작은 가슴 적시며 흘러 내리네
아 오늘도 그날 처럼
비는 내리고
내 눈물 빗물 되어 강물 되어 흐르네

♪ 가곡
내 마음 그 깊은 곳에

님의 노래

보령시 성주면 개화예술공원

🎵 하옥이 작시 김동환 작곡

나의 마음 깊은 곳에 파도치는 그리움
꽃잎 위에 내려앉아 흐느끼는 이른 새벽

나의 마음 깊은 곳에 알 수 없는 외로움
이슬만이 내려앉아 바람부는 이른 새벽

나의 마음 깊은 곳에 파도치는 내 슬픔

머물지 못할 별을 잡는 어리석은 이른 새벽

어디선가 날 부르는 소리
어디선가 날 부르는 소리
그 소리는 시냇물이 날 부르는 소리였네
그 소리는 사랑하는 님의 노래였네
사랑의 노래였네

충청남도

님이 오시는지

보령시 성주면 개화예술공원

박문호 작시 김규환 작곡

물망초 꿈꾸는 강가를 돌아
달빛 먼길 님이 오시는가
갈숲에 이는 바람 그대 발자췰까
흐르는 물소리 님의 노래인가
내 마음 외로워 한 없이 떠돌고
새벽이 오려는지 바람만 차오네

백합화 꿈꾸는 들녘을 지나
달빛 먼길 내님이 오시는가
풀잎에 배인 치마 끌고 오는 소리
꽃향기 헤치고 님이 오시는가
내 마음 떨리어 끝없이 헤매고
새벽이 오려는지 바람만 이네
바람만 이네

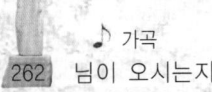

충청남도

두메산골

보령시 성주면 개화예술공원

반야월 작사　김광빈 작곡　배 호 노래

산을 넘고 물을 건너 고향 찾아서
너보고 찾아왔네 두메나 산골
도라지 꽃피던 그 날 맹세를 걸고 떠났지
산딸기 물에 흘러 떠나가고
두 번 다시 타향에 아니 가련다
풀피리 불며 불며 노래하면서 너와 살련다

재를 넘어 영을 넘어 옛집을 찾아
물방아 찾아왔네 달 뜨는 고향
새소리 정다운 그 날 맹세를 걸고 떠났지
구름은 흘러 흘러 떠나가고
두 번 다시 타향에 아니 가련다
수수밭 감자밭에 씨를 뿌리며 너와 살련다

가요
두메산골

충청남도

만리포 사랑

태안군 소원면 만리포해수욕장 입구

♫ 반야월 작사   김교성 작곡   송운선 편곡   박경원 노래

똑딱선 기적소리 젊은 꿈을 싣고서
갈매기 노래하는 만리포라 내사랑
그립고 안타까워 울던 밤아 안녕히
희망의 꽃구름도 둥실둥실 춤춘다

점찍은 작은 섬을 굽이굽이 돌아서
구십리 뱃길위에 은비늘이 곱구나
그대와 마주앉아 불러보는 샹송
노젓는 뱃사공도 벙실벙실 웃는다

수박빛 선그라스 박쥐양산 그늘에
초록빛 비단물결 은모래를 만지네
청춘의 젊은 꿈이 해안선을 달리면
산호빛 노을 속에 천리포도 곱구나

♪ 가요
만리포 사랑

충청남도

모닥불

보령시 성주면 개화예술공원

 박건호 작사 박인희 작곡 박인희 노래

모닥불 피워놓고 마주 앉아서
우리들의 이야기는 끝이 없어라

인생은 연기속에 재를 남기고
말없이 사라지는 모닥불 같은것

타다가 꺼지는 그 순간까지
우리들의 이야기는 끝이 없어라

충청남도

모래성

보령시 성주면 개화예술공원

임부희 작사 송운선 작곡 임부희 노래

우리의 사랑을 포기할수 있을까
이대로 헤어질순 없는데
나의 가슴은 이렇게 뜨거운데
이별이라면 나는 어떻해
아무너져 내리네

거치른 파도 앞에 모래성처럼
잦궂은 바람앞에 사랑의 촛불
이것이 우리의 운명이라면
이대로 그대를 보내야 하나

내 안에 있어요 그대 사랑이
내 안에 있어요 모든것이
나는 그대 아닌 누구도 사랑할수 없는데
이대로 이대로 떠나야만 하나요

♪ 가요
모래성

충청남도

물길 백리 꽃길 백리

청양군 정산면 천장호 출렁다리 입구

이철민 작사　이철민 작곡　지나유 노래

물길백리 꽃길백리 흘러가는 저 구름아
어디로 흘러가니 너 가는 곳 어디냐
꽃 바람에 내 님 소식 들리네
천장호 출렁다리 맺은 사랑
영산홍 붉게 필 때 산새들도 지저귀며
내 가슴에 새긴 사랑 내 가슴에 새긴 사랑
아 그리운 그리운 내 고향 물길백리 꽃길백리

물길백리 꽃길백리 흘러가는 저 구름아
어디로 흘러가니 너 가는 곳 어디냐
꽃 바람에 내 님 소식 들리네
천장호 출렁다리 맺은 사랑
영산홍 붉게 필 때 산새들도 지저귀며
내 가슴에 새긴 사랑 내 가슴에 새긴 사랑
아 그리운 그리운 청양아 물길백리 꽃길백리
아 그리운 그리운 청양아 물길백리 꽃길백리

가요 ♪
물길 백리 꽃길 백리

충청남도

물레방아 도는데

보령시 성주면 개화예술공원

정두수 작사 박춘석 작곡 나훈아 노래

돌담 길 돌아서며 또 한번 보고
징검다리 건너갈 때 뒤돌아 보며
서울로 떠나간 사람
천리 타향 멀리 가더니
새 봄이 오기 전에 잊어버렸나
고향의 물레방아 오늘도 돌아 가는데

두 손을 마주 잡고 아쉬워하며
골목 길을 돌아설 때 손을 흔들며
서울로 떠나간 사람
천리 타향 멀리 가더니
가을이 다 가도록 소식도 없네
고향의 물레방아 오늘도 돌아 가는데

♪ 가요
물레방아 도는데

충청남도

반달

보령시 성주면 개화예술공원

윤극영 작사 윤극영 작곡

푸른 하늘 은하수 하얀 쪽배엔
계수나무 한나무 토끼 한마리
돛대도 아니 달고 삿대도 없이
가기도 잘도 간다 서쪽 나라로

은하수를 건너서 구름 나라로
구름나라 지나선 어디로 가나
멀리서 반짝반짝 비추이는 건
샛별 등대란다 길을 찾아라

동요 반달

충청남도

백마강

부여군 부여읍 구드래조각공원

♪ 손로원 작사 한복남 작곡 허 민 노래

백마강에 고요한 달밤아
고란사에 종소리가 들리어오면
구곡간장 찢어지는
백제꿈이 그립구나
아 달빛어린 낙화암의 그늘속에서
불러보자 삼천궁녀를

백마강에 고요한 달밤아
철갑옷에 맺은 이별 목메어울면
계백장군 삼척검은
님사랑도 끊었구나
아 오천결사 피를 흘린 황산벌에서
불러보자 삼천궁녀를

백마강에 고요한 달밤아
칠백년의 한이 맺힌 물새가 날면
일편단심 목숨끊는
남치마가 애닯구나
아 낙화삼천 몸을 던진 백마강에서
불러보자 삼천궁녀를

♪ 가요
백마강

충청남도

백제야화

부여군 부여읍 백마강변

김운하 작사   한복남 작곡   손인호 노래

목메어 우는 새야 말 좀 하여라
대왕포 사자수에 궁녀 넋이 울드냐
칠백년 한풍설우 지는 꽃잎은
무너진 백제 꿈에 청춘을 찾건만
쓸쓸한 낙화암만 아~ 남았구나

부소산 우는 별아 말 좀 하여라
설레는 임 가슴에 궁녀 넋이 울드냐
하루가 백년 같은 일편단심은
무너진 백제 꿈에 청춘을 찾건만
백마강 물소리만 아~ 남았구나

충청남도

봉숭아

보령시 성주면 개화예술공원

♪ 김형준 작시   홍난파 작곡

울밑에 선 봉숭아야 네 모양이 처량하다
길고 긴 날 여름철에 아름답게 꽃필 적에
어여쁘신 아가씨들 너를 반겨 놀았도다

어언간에 여름가고 가을바람 솔솔 불어
아름다운 꽃송이를 모질게도 침노하니

낙화로다 늙어졌다 네 모양이 처량하다

북풍한설 찬바람에 네 형체가 없어져도
평화로운 꿈을 꾸는 너의 혼은 예있으니
화창스런 봄바람에 환생키를 바라노라

♪ 가곡
봉숭아

충청남도

비목

보령시 성주면 개화예술공원

🎼 한명희 작시 장일남 작곡

초연이 쓸고 간 깊은 계곡 깊은 계곡 양지녘에
비바람 긴 세월로 이름 모를 이름 모를 비목이여
먼 고향 초동 친구 두고 온 하늘 가
그리워 마디마디 이끼 되어 맺혔네

궁노루 산울림 달빛 타고 달빛 타고 흐르는데
홀로 선 적막감에 울어 지친 울어 지친 비목이여
그 옛날 천진스런 추억은 애달파
서러움 알알이 돌이 되어 쌓였네

가곡 ♪
비목

충청남도

빗속에서

보령시 성주면 개화예술공원

🎵 오문옥 작시   임긍수 작곡

반 세기 한이 먹구름으로 떠 있다가
슬픈 소낙비로 남녘 소금강에 쏟아지네
작은 새 작은 가슴팍에도 가득 쏟아지네

비야 비야 사나운 폭우야
서러운 내 가슴 씻어 주려므나
소리치며 울부짖는 등 돌린 세월을 찾으러 가느냐

슬픈 우리 역사의 빗길 헤치며
북녘 금강산 물 만나러 가느냐
아직도 그치지 못한
빗속에 여름 한 나절이 달려간다
하늘이 다스려줄
통일의 꿈 줄을 붙들고 흘러간다

♪ 가곡
빗속에서

산유화

보령시 성주면 개화예술공원

♪ 김소월 작시 김성태 작곡

산에는 꽃 피네
꽃이 피네
갈 봄 여름 없이
꽃이 피네

산에
산에
피는 꽃은
저만치 혼자서 피어 있네

산에서 우는 작은 새여
꽃이 좋아
산에서
사노라네

산에는 꽃 지네
꽃이 지네
갈 봄 여름 없이 여름 없이
꽃이 지네 꽃이 지네

가곡 ♪
산유화

충청남도

삽다리 총각

예산군 덕산면 덕산온천 입구

예산군 삽교읍 삽다리공원

추 식 작사 추 식 작곡 오세자 노래

총각 총각 삽다리 총각
꽃산의 진달래 손짓을 하는데
장가는 안가고 날일만 할텐가
개갈이 안나네 개갈이 안나
주래뜰 논두렁 개갈이 안나
총각 총각 삽다리 총각

총각 총각 삽다리 총각
용머리 능금이 빨갛게 익는데
장가는 안가고 들일만 할텐가
개갈이 안나네 개갈이 안나
새터말 새악시 개갈이 안나
총각 총각 삽다리 총각

가요
삽다리 총각

충청남도

서산 갯마을

서산군 지곡면 중왕리 왕산포해변

김운하 작사 김학송 작곡 조미미 노래

굴을 따랴 전복을 따랴 서산 갯마을
처녀들 부푼 가슴 꿈도 많은데
요놈의 풍랑은 왜 이다지 사나운고
사공들의 눈물이 마를 날이 없구나

눈이 오나 비가 오나 서산 갯마을
쪼름한 바닷바람 한도 많은데
요놈의 풍랑은 왜 이다지 사나운고
아낙네들 오지랖이 마를 날이 없구나

가요
서산 갯마을

충청남도

선창

예산군 덕산면 덕산온천 입구

♫ 조명암 작사   김해송 작곡   고운봉 노래

울려고 내가 왔던가 웃을려고 왔던가
비린내 나는 부둣가엔 이슬맺힌 백일홍
그대와 둘이서 꽃씨를 심던 그날도
지금은 어디로 갔나 찬비만 내린다

울려고 내가 왔던가 웃을려고 왔던가
울어본다고 다시 오랴 사나이의 첫 순정
그대와 둘이서 희망에 울던 항구를
웃으며 돌아가련다 물새야 울어라.

♪ 가요
선창

충청남도

수목원에서

태안군 안면읍 안면도수목원

하옥이 작시 김동환 작곡

안면도 숲으로 젖어들면
고요 속에 들려오는 산새소리
이름가진 생명들의 탄성 속에서
운명처럼 만난 우리 천만년 너의 곁에서
아름다운 꽃을 피우며 영원히 살고 싶어라

사계절 푸르게 살기 위해
하늘만 쳐다보는 소나무야
무게있는 삶속에 나를 보지 못하네
운명처럼 만난 우리 천만년 너의 곁에서
가슴에 푸른 물들이며 영원히 살고 싶어라

가곡
수목원에서

충청남도

슬프도록 보고픈 이여

보령시 성주면 개화예술공원

♬ 전세원 작시 최영섭 작곡

휘날리던 꽃잎의 날들 낙엽의 계절로 다가오니
그 날의 희열 아련히 맴도네
사랑한다 했을 때 그 말 삶의 전부였다
그 빛나던 열정 내 눈을 감기게 했었지

오 내게만 머문다는 걸 진정 믿게 했을 때
그대가 아침이슬이라는 걸 그 때는 몰랐어요

속삭이는 꿈속에 깊이 빠진 아린 가슴
비가 내려 날개를 달고 날아볼까 훨훨
슬픔 벗은 석양 노을 따라 부르시는 날
임이 계신 그 곳 웃으며 곧 따라 나서리
먼 그 날까지
늘 미소 지으며 따듯하게 하소서
나의 사랑아 사랑하는 이여 내 사랑하는 이여

♪ 가곡
슬프도록 보고픈 이여

충청남도

신성리 갈대밭 연가

서천군 한산면 신성리 갈대농경문화체험관 옆

조성주 작사 왕준기 작곡 조성주 노래

갈꽃도 하늘하늘 그리움도 하늘하늘
말없이 떠나버린 사랑했던 그 사람
예전처럼 지금 이 자리 신성리 갈대밭
바람결에 갈잎은 깊은 사연 속삭이네
내 마음 바람따라 흘러만 가네

말이나 해볼걸 붙잡아나 볼 것을
가버린 그 사람이 그리워
지워진 흔적따라 다시 찾아 왔구나
신성리 갈대밭 신성리 갈대밭

충청남도

신토불이

논산시 취암동 논산공설운동장 광장

김동찬 작사 박현진 작곡 배일호 노래

너는 누구냐 나는 누구냐
이 땅에 태어난 우리 모두 신토불이
신토불이 신토불이 신토불이야
압구정 강남거리 여기는 어디냐
순이는 어디가고 미스 리만 있느냐
쇼윈도의 마네킹이 외제품에 춤을 추네
쌀이야 보리야 콩이야 팥이야
우리 몸엔 우리건데 남의 것을 왜 찾느냐
고추장에 된장 김치에 깍두기
잊지마라 잊지마 너와 나는 한국인
신토불이 신토불이 신토불이야

너는 누구냐 나는 누구냐
이 땅에 태어난 우리 모두 신토불이
신토불이 신토불이 신토불이야
영등포 명동거리 여기는 어디냐
순이는 어디가고 미스 김만 있느냐
진열장의 마네킹이 외제품에 춤을 추네
쌀이야 보리야 콩이야 팥이야
우리 몸엔 우리건데 남의 것을 왜 찾느냐
고추장에 된장 김치에 깍두기
잊지마라 잊지마 너와 나는 한국인
신토불이 신토불이 신토불이야 신토불이야

가요
신토불이

충청남도

아씨

금산군 금산읍 상리 비호산근린공원

🎵 임희재 작사 백영호 작곡 이미자 노래

옛날에 이 길은 꽃가마 타고
말탄 님 따라서 시집가던 길
여기던가 저기던가
복사꽃 곱게 피어 있던 길
한 세상 다하여 돌아가는 길
저무는 하늘가엔 노을이 섧구나

옛날에 이 길은 새색시 적에
서방님 따라서 나들이 가던 길
어디선가 저만치서
뻐꾹새 구슬피 울어 대던길
한세상 다하여 돌아가는길
저무는 하늘가에 노을이 섧구나

충청남도

안면도 꽃지 사랑

태안군 안면읍 꽃지해수욕장

정치근 작시 정영택 작곡

밀물과 썰물이 철썩 철썩 파도치는 안면도
할미바위와 할아비바위가
하늘에서 내려왔다 말들하는 곳
꽃지에서 텀벙텀벙 한참 헤엄을 치고 나면
처녀와 총각 사이에서 사랑이 불붙듯 한다는
꽃지의 신비로운 전설이로다
안면도의 아름다운 사랑이로다

밀물과 썰물이 철썩 철썩 노래하는 안면도
할미바위와 할아비바위가
바다에서 올라왔다 말들하는 곳
꽃지에서 첨벙첨벙 한참 헤엄을 치고 나면
아내와 남편 사이에서 사랑이 샘솟듯 한다는
꽃지의 신비로운 전설이로다
안면도의 아름다운 사랑이로다

♪ 가곡
안면도 꽃지 사랑

충청남도

얼굴

보령시 성주면 개화예술공원

심봉석 작시   신귀복 작곡

동그라미 그리려다 무심코 그린 얼굴
내 마음 따라 피어나던 하얀 그 때 꿈을
풀잎에 연 이슬처럼 빛나던 눈동자
동그랗게 동그랗게 맴돌다 가는 얼굴

동그라미 그리려다 무심코 그린 얼굴
무지개 따라 올라갔던 오색빛 하늘 나래
구름 속에 나비처럼 날으던 지난 날
동그랗게 동그랗게 맴돌곤 하는 얼굴

가곡
얼굴

충청남도

옛 친구

태안군 승언리 안면도수목원

정영택 작시   정영택 작곡

맑은 물이 흐르는 산골짝을 찾아서
정다웁게 뛰놀던 그 때 그 시절
푸른 언덕 넘어서 우거진 숲속에서
맑고 고운 노래로 곱게 곱게 물들은
정다웠던 옛 친구 지금은 어디 갔나

그리워라 옛 친구여
그리워라 옛 친구여

푸른 언덕 넘어서 우거진 숲속에서
맑고 고운 노래로 곱게 곱게 물들은
정다웠던 옛 친구 지금은 어디 갔나

♪ 가요
옛 친구

저녁에

보령시 성주면 개화예술공원

김광섭 작시 강택구 외 작곡

저렇게 많은 별 중에서
별 하나가 나를 내려다본다
이렇게 많은 사람 중에서
그 별 하나를 쳐다본다

밤이 깊을수록
별은 밝음 속에 사라지고
나는 어둠속에 사라진다

이렇게 정다운 너 하나 나 하나는
어디서 무엇이 되어 다시 만나랴

충청남도

조개 껍질 묶어

보령시 대천해수욕장 분수광장

윤형주 작사   윤형주 작곡   윤형주 노래

1) 조개 껍질 묶어 그녀의 목에 걸고
불가에 마주 앉아 밤새 속삭이네
저 멀리 달 그림자 시원한 파도 소리
여름밤은 깊어만 가고 잠은 오질 않네

2) 아침이 늦어져서 모두들 배고파도
함께 웃어가며 식사를 기다리네
반찬은 한 두 가지 집 생각 나지만은
시큼한 김치만 있어주어도 내게는 진수성찬

3) 밤이 새까맣게 타버려 못 먹어도 모기가 밤새 물어도 모두들 웃는 얼굴
암만 생각해도 집에는 가얄 텐데 바다가 좋고 그녀가 있는데 어쩔 수가 없네
라라~~

♪ 가요

충청남도

찔레꽃

서천군 마서면 국립생태원 찔레동산

장사익 작사 장사익 작곡 장사익 노래

하얀 꽃 찔레꽃 순박한 꽃 찔레꽃
별처럼 슬픈 찔레꽃 달처럼 서러운 찔레꽃
찔레꽃 향기는 너무 슬퍼요
그래서 울었지 목놓아 울었지
찔레꽃 향기는 너무 슬퍼요
그래서 울었지 밤새워 울었지

아~
찔레꽃처럼 울었지 찔레꽃처럼 노래했지
찔레꽃처럼 춤췄지 찔레꽃처럼 사랑했지
찔레꽃처럼 살았지 찔레꽃처럼 울었지
당신은 찔레꽃 찔레꽃처럼 울었지

충청남도

청산에 살리라

보령시 성주면 개화예술공원

김연준 작시   김연준 작곡

나는 수풀 우거진 청산에 살으리라
나의 마음 푸르러 청산에 살으리라
이 몸도 산허리엔 초록빛 물들었네
세상 번뇌 시름 잊고 청산에서 살리라
길고 긴 세월 동안 온갖 세상 변하였어도
청산은 의구하니 청산에 살으리라

♪ 가곡
청산에 살리라

충청남도

초 우

보령시 성주면 개화예술공원

🎼 박춘석 작사 박춘석 작곡 패티김 노래

가슴 속에 스며드는 고독이 몸부림칠 때
갈 길 없는 나그네의 꿈은 사라져 비에 젖어우네
너무나 사랑했기에 너무나 사랑했기에
마음의 상처 잊을 길 없어 빗소리도 흐느끼네

너무나 사랑했기에 너무나 사랑했기에
마음의 상처 잊을 길 없어 빗소리도 흐느끼네

충청남도

추억의 백마강

부여군 부여읍 백마강변

♪ 조명암 작사 임근식 작곡 이인권 노래

백마강 달밤에 물새가 울어 고란사 종소리 사무치는데
잃어버린 옛날이 애달프구나 구곡간장 오로지 찢어지는듯
저어라 사공아 일엽편주 두둥실 누구라 알리오 백마강 탄식을
낙화암 그늘 아래 울어나 보자 깨어진 달빛만 옛날 같으리

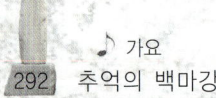

충청남도

칠갑산

청양군 정산면 칠갑산휴게소

청양군 대치면 칠갑산장승공원

청양군 대치면 칠갑광장휴게소

청양군 정산면 칠갑산노래공원

조운파 작사 조운파 작곡 윤상일 원곡 주병선 노래

콩밭메는 아낙네야
베적삼이 흠뻑 젖는다
무슨 설움 그리 많아
포기마다 눈물 심누나

홀어머니 두고 시집가던 날
칠갑산 산마루에
울어주던 산새 소리만
어린 가슴속을 태웠소

가요 ♪
칠갑산

충청남도

하숙생

천안시 동남구 삼룡동 천안삼거리공원

김석야 작사　김호길 작곡　최희준 노래

인생은 나그네 길
어디서 왔다가 어디로 가는가
구름이 흘러가듯 떠돌다 가는 길에
정일랑 두지말자 미련일랑 두지말자
인생은 나그네길 구름이 흘러가듯
정처없이 흘러서 간다

인생은 벌거숭이
빈손으로 왔다가 빈손으로 가는가
강물이 흘러가듯 여울져 가는 길에
정일랑 두지말자 미련일랑 두지말자
인생은 벌거숭이 강물이 흘러가듯
소리없이 흘러서 간다

가요
하숙생

충청남도

한 많은 백마강

부여군 부여읍 백마강변

반야월 작사 김희수 작곡 남인수 노래

한이 많은 백마강아 그 옛날을 말해 다오
구슬픈 물소리만 변함 없는데
칠백 년 백제 꿈도 그 영화도 춘몽이더냐
한 많은 백마강에 달빛조차 차가워
밤은 깊어 가는데 희미한 달빛 속에
아득하게 들리는 종소리만 처량하다

말이 없는 백마강아 그 옛날을 말해 다오
매화림 두견새도 애를 끊는데
낙화암 푸른 물에 삼천궁녀 간 곳 없더냐
흐르는 백마강에 별빛조차 차가워
밤은 깊어 가는데 대왕포 강기슭에
홀로 섰는 나그네 잠 못 들고 우는구나

충청남도

명사십리

논산시 양촌면 반암리 너훈아(김갑순) 묘소

명창 이은관 노래비

보령시 성주면 개화예술공원

명창 최선달 선생 기념비

홍성군 결성면 결성농요농사박물관

모전리 찬가

천안시 서북구 성거읍 모전리

바르게 살자

보령시 미산면 평라리 바르게살기동산

박춘석 작곡가비

보령시 성주면 개화예술공원

반야월 작사가비

보령시 성주면 개화예술공원

백석포 노래

아산시 영인면 백석포리

사모곡

천안시 동남구 목천읍 목주가공원

서동요비

부여군 부여읍 궁남지주차장

서산문화원의 노래

서산시 읍내동 서산문화원

수덕사의 여승

예산군 덕산면 수덕사 입구

충청남도

시초면민의 노래

서천군 시초면 시초면민의 집 광장

신중현 작곡가비

보령시 성주면 개화예술공원

안사람 의병가

천안시 목천면 독립기념관 광장

오서산 타령

보령시 청라면 명대계곡

완포의 노래

서천군 화양면 완포리

음암면민의 노래

서산시 음암면 청춘예찬공원

♪ 기타

충청남도

익산시 애향 노랫말비

보령시 성주면 개화예술공원

흥타령비

천안시 동남구 천안삼거리공원

노래비

오래 오래 살아주세요

세상살이 고달프고 괴로울 때면 마음은 달려가네 어머님 품속으로
사랑스런 눈빛으로 나를 보며 두손으로 안아주었죠
세월따라 변해가는 어머님의 그 모습이 이 자식의 가슴속을 울려
어머님 어머님 오래 오래 살아주세요

흐르는 세월을 아쉬워하며 나를 사랑하고 키워주신 어머님
이 몸이 잘되라고 두손모아 그 얼마나 빌었습니까
하늘보다 높고 바다보다 깊은 어머님 그 은혜를 무엇으로 갚으
어머님 어머님 오래 오래 살아주세요
어머님 어머님 오래 오래 살아주세요

작사 : 송 한
작곡 : 김 정
노래 : 송 한

1997년 6월 15일

제13장

전라북도

고향(가곡) / 고향 샘터(가곡) / 고향에 찾아와도(가요) /
그 산에 꽃이 피어도(현숙효열비)(가요) / 나의 어머님(현숙효열비)(가요) /
남원의 애수(가요) / 마이산아 반겨다오(가요) / 변산 아으리랑(가요) / 비목(가곡) /
삼팔선의 봄(가요) / 쏴쏴쏴(가요) / 오래오래 살아 주세요(가요) /
잘 있거라 내장산아(가요) / 지는 해가 아름다워(가요) / 채석강의 절경(가요) /
해 뜰 날(가요) / 금과들소리(순창농요)(민속음악) / 동리가비(민속음악) /
둔덕교회의 노래(애향가) / 방등산가비(민속음악) / 새야새야 파랑새야(민속음악) /
선운산가비(민속음악) / 소고당 고단 여사 가사비(산외별곡)(기타) /
오늘이 오늘이소서 노래탑(민속음악) / 정읍사(민속음악) / 진안군가(애향가) /
진안사랑가(애향가)

전라북도

고향

전라북도 고창군 해리면 왕촌리 왕거마을 입구

정지용 작시   채동선 작곡

고향에 고향에 돌아와도
그리던 고향은 아니러뇨

산꿩이 알을 품고
뻐꾸기 제철에 울건만

마음은 제 고향 지니지 않고
머언 항구로 떠도는 구름

오늘도 메 끝에 홀로 오르니
흰점 꽃이 인정스레 웃고

어린 시절에 불던
풀피리 소리 아니 나고
메마른 입술에 쓰디 쓰다
고향에 고향에 돌아와도

가곡
고향

전라북도

고향 샘터

임실군 오수면 둔덕리

이강국 작시 최영섭 작곡

내 고향 산골 마을 조그만 아래뜸에
마르지 않는 작은 샘터가 있어
봄이면 향기로운 살구꽃 여울지고
달래 캐는 봄 처녀 얼굴도 붉어 지네
무더운 여름 지나가던 나그네가
시원히 목을 축이면 구름도 쉬어간다

내 고향 산골 마을 조그만 아래뜸에
마르지 않는 작은 샘터가 있어
가을이면 땀방울은 우물가에 고이고
오곡백과 가득하니 동장군이 두려우랴
거칠어진 굵은 손 행여나 시려울까
물안개 올라와 마음까지 감싸준다

가곡 고향 샘터

전라북도

고향에 찾아와도

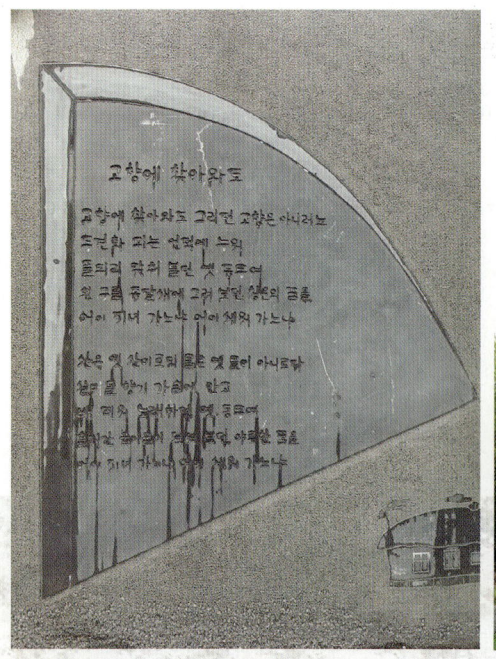

임실군 관촌면 사선대공원

♪ 고려성 작사   이재호 작곡   최갑석 노래

고향에 찾아와도 그리던 고향은 아니러뇨
두견화 피는 언덕에 누워
풀피리 맞춰 불던 옛 동무여
흰구름 종달새에 그려보던 청운의 꿈을
어이 지녀 가느냐 어이 세워 가느냐

산은 옛 산이로되 물은 옛 물이 아니로다
실버들 향기 가슴에 안고
배 띄워 노래하던 옛 동무여
흘러간 굽이굽이 적셔보던 야릇한 꿈을
어이 지녀 가느냐 어이 세워 가느냐

♪ 가요
고향에 찾아와도

전라북도

그 산에 꽃이 피어도

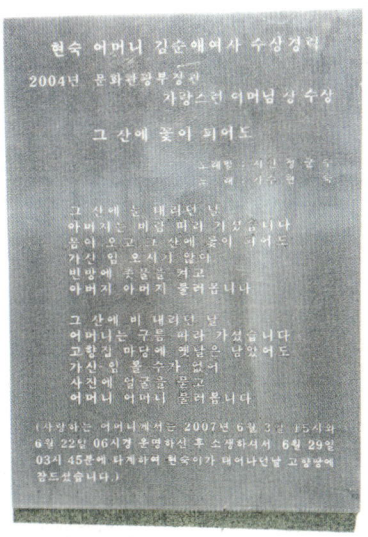

김제시 부량면 신용리 벽골제관광안내소 건너편

정군수 작사　이호섭 작곡　현숙 노래

그 산에 눈 내리던 날
아버지는 바람 따라 가셨습니다.
봄이 오고 그 산에 꽃이 피어도
가신 임 오시지 않아
빈방에 촛불을 켜고
아버지 아버지 불러봅니다.

그 산에 비 내리던 날
어머니는 구름 따라 가셨습니다.
고향집 마당에 옛날은 남았어도
가신 임 볼 수가 없어
사진에 얼굴을 묻고
어머니 어머니 불러봅니다.

전라북도

나의 어머님

김제시 부량면 신용리 벽골제관광안내소 건너편

♪ 설운도 작사 설운도 작곡 현 숙 노래

어머님 나의 어머님 뒷동산에 봄이 왔어요
해맑은 해바라기도 웃으며 반겨 주네요
어머님 나의 어머니 시냇가의 물소리가
어머님과 멱을 감던 그 시절이 생각나네요
아 오늘도 그 옛날이 문득 생각나는 밤

당신은 제대로 먹지도 못하고
힘든 세월 살아 오시며
오직 자식 하나 잘 되기를 빌고 비신 어머님
내 어찌 그 사랑 잊으오리까
어머님 사랑합니다

♪ 가요
나의 어머님

전라북도

남원의 애수

남원시 어현동 춘향테마파크

김부해 작사 김화영 작곡 김용만 노래

한양천리 떠나간들 너를 어이 잊을소냐
성황당 고갯마루 나귀마저 울고넘네
춘향아 울지마라 달래었건만
대장부 가슴속을 울리는 님이여
아~ 어느 때 어느 날짜 함께 즐겨 웃어보나

알성급제 과거보는 한양이라 주막집에
희미한 등잔불이 도포자락 적시었네
급제한 이 도령은 즐거웠건만

옥중에 춘향이가 그리는 님이여
아~ 어느 때 어느 날짜 그대 품에 안겨보나

님께 향한 일편단심 채찍아래 굽힐소냐
옥중에 열녀춘향 이 도령이 돌아왔네
춘향아 울지마라 얼싸안고서
그리던 천사만사 즐기는 님이여
아~ 흘러간 꿈이련가 청실홍실 춤을 추네

전라북도

마이산아 반겨다오

진안군 진안읍 마이산 탑사 경내

🎵 이왕신 작사 김호길 작곡 남강수 노래

진안을 찾아간다 마이산아 반겨다오
우리 님 타고 오신 말귀 닮은 쌍봉우리
매정한 그 사람도 옥탑보고 정을 쌓고
비둘기 사랑속에 변한마음 돌아섰네
길손도 쉬어가고 사랑도 쉬어가는
진안의 마이산

진안을 떠나간다 마이산아 들어다오
우리 님 타고 오실 말귀 닮은 쌍봉우리
천황문 약수터에 옥자동수 마셨더니
병들은 가슴속에 후련한 맘 가득하네
인생도 쉬어가고 세월도 쉬어가는
진안의 마이산

🎵 가요
마이산아 반겨다오

전라북도

변산 아으리랑

부안군 변산면 격포리 반월안내소 옆

양규태 작사   송운선 작곡   최영주 노래

가세 가세 어서 가세 산의 변산 구경 가세
이리 가도 경치 좋고 저리 가면 팔도강산 제일이라
동쪽에는 바디제 서쪽에는 남여제
북쪽에는 우슬제 넘어가면 넘어가면 변산팔경
아으리랑 아으리랑 아으리랑 변산 아으리랑

가세 가세 어서 가세 바다 변산 구경 가세
산에 가도 경치 좋고 바다 가면 팔도강산 제일이라
동쪽에는 모항 갯벌 서쪽에는 채석강
북쪽에는 새만금 돌아가면 돌아가면 해안팔경
아으리랑 아으리랑 아으리랑 변산 아으리랑

전라북도

비목

순창군 구림면 회문산 비목공원

한명희 작시 장일남 작곡

초연이 쓸고 간 깊은 계곡 양지녘에
비바람 긴 세월로 이름 모를 비목이여
먼 고향 초동 친구 두고 온 하늘 가
그리워 마디마디 이끼 되어 맺혔네

궁노루 산울림 달빛 타고 흐르는 밤
홀로 선 적막감에 울어 지친 비목이여
그 옛날 천진스런 추억은 애달퍼
서러움 알알이 돌이 되어 쌓였네

가곡
비목

전라북도

삼팔선의 봄

임실군 관촌면 사선대공원

♪ 김석민 작사 박춘석 작곡 최갑석 노래

눈 녹인 산골짝에 꽃이 피누나
철조망은 녹슬고 총칼은 빛나
세월을 한탄하랴 삼팔선의 봄
싸워서 공을 세워 대장도 싫소
이등병 목숨 바쳐 고향 찾으리

눈 녹인 산골짝에 꽃은 피는데
설한에 젖은 마음 풀릴 길 없고
꽃피면 더욱 슬퍼 삼팔선의 봄
죽음에 시달리는 북녘 내 고향
그 동포 웃는 얼굴 보고 싶구나

전라북도

쏴쏴쏴

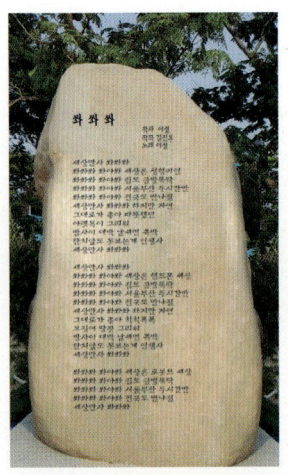

진안군 진안읍 군하리

이 설 작사   김진오 작곡   이 설 노래

세상만사 쏴쏴쏴
쏴쏴쏴 쏴아쏴 세상은 성형미인
쏴쏴쏴 쏴아쏴 집도 금방뚝딱
쏴쏴쏴 쏴아쏴 서울부산 두시간반
쏴쏴쏴 쏴아쏴 전국도 반나절
세상만사 쏴쏴쏴
하지만 자연 그대로가 좋아
따뜻했던 아랫목이 그리워
밤사이 대박 날새면 쪽박
한치앞도 못보는게 인생사
세상만사 쏴쏴쏴

세상만사 쏴쏴쏴
쏴쏴쏴 쏴아쏴 세상은 핸드폰 세상
쏴쏴쏴 쏴아쏴 집도 금방뚝딱
쏴쏴쏴 쏴아쏴 서울부산 두시간반
쏴쏴쏴 쏴아쏴 전국도 반나절
세상만사 쏴쏴쏴
하지만 자연 그대로가 좋아
칙칙폭폭 오징어 땅콩 그리워
밤사이 대박 날새면 쪽박
한치앞도 못보는게 인생사
세상만사 쏴쏴쏴
쏴쏴쏴 쏴아쏴 세상은 로봇트 세상
쏴쏴쏴 쏴아쏴 집도 금방뚝딱
쏴쏴쏴 쏴아쏴 서울부산 두시간반
쏴쏴쏴 쏴아쏴 전국도 반나절
세상만사 쏴쏴쏴

가요
쏴쏴쏴

오래오래 살아주세요

정읍시 칠보면 송산마을 송현섭 생가

🎵 송현섭 작사   김정일 작곡   송현섭 노래

세상살이 고달프고 괴로울 때면
마음은 달려가네 어머님 품속으로
사랑스런 눈빛으로 나를 보며
두 손으로 안아 주었죠
세월 따라 변해가는 어머님의 그 모습이
이 자식의 가슴 속을 울려 줍니다
어머님 어머님 오래오래 살아주세요~

흐르는 세월을 아쉬워하며
나를 사랑하고 키워주신 어머님
이 몸이 잘되라고 두 손 모아
그 얼마나 빌었습니까
하늘보다 높고 바다보다 깊은
어머님의 그 은혜를 무엇으로 갚으리까
어머님 어머님 오래 오래 살아주세요

전라북도

잘 있거라 내장산아

정읍시 쌍암동 내장산워터파크

송정수 작사   김강섭 작곡   배 호 노래

잘 있거라 내장산아 다시 보자 쓰리봉아
달이 가고 해가 간들 사무친 정 잊어질소냐
잊지 못할 그 사람은 내 마음을 울리지만
보고프면 언제나 찾아오리
잘 있거라 내장산아

잘 있거라 내장산아 간다한들 아주가리
단풍잎에 맺힌 사연 그 언제나 잊어질소냐
아로새긴 첫사랑에 받은 상처 서럽지만
그리우면 또다시 찾아오리
잘 있거라 내장산아

가요
잘 있거라 내장산아

전라북도

지는 해가 아름다워

부안군 하서면 바람모퉁이공원

양규태 작사   송운선 작곡   김현아 노래

오늘도 사랑찾아 굽이굽이 천리길
내 사랑 어디 있나 어디로 갔나
금수강산 휘휘돌아 변산이라네
산천이 아름다워 팔경이런가
내소사 직소폭포 봉래구곡 물소리
월명암 낙조대로 천년 해가 진다

오늘도 사랑찾아 돌아돌아 천리길
내 사랑 어디 있나 어디로 갔나
일출이 동해라면 낙조는 서해라네
지는 해 아름다워 변산이런가
채석강 적벽강 하도에 파도소리
형제섬 위도 너머 즈믄 해가 진다

가요 ♪
지는 해가 아름다워

전라북도

채석강의 절경

부안군 변산면 격포항 해넘이공원

신현택 작사 송운선 작곡 김현아 최영주 노래

산과 바다 천혜 절경 발길 닿는 곳마다 수성암층
아름다운 해안선 신비롭다 내소사 돌고 돌아
바다의 변산 백사장을 내 님과 걸어갔던 옛 추억들
이제는 이제는 카페리호 타고서 위도로 가네

수천만년 파도 속에 부딪치며 길고 긴 세월 속에
수만권의 책만을 쌓은 듯한 기이한 형상들의
채석강인데 바람처럼 왔다간 나의 님은 소식 없고
격포항 손흔들며 카페리호 타고서 내 마음 애태우네

가요
채석강의 절경

전라북도

해 뜰 날

정읍시 부전동 내장산문화광장

전주시 완산구 효자동 영생고등학교

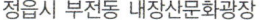 송대관 작사   신대성 작곡   송대관 노래

꿈을 안고 왔단다 내가 왔단다
슬픔도 괴로움도 모두모두 비켜라
안 되는 일 없단다 노력하면은
쨍하고 해뜰날 돌아온단다

뛰고뛰고 뛰는 몸이라 괴로웁지만
힘겨운 나의 인생 구름 걷히고
산뜻하게 맑은 날 돌아온단다
쨍하고 해 뜰 날 돌아온단다

전라북도

금과 들소리

순창군 금과면 금과들소리전수관

동리가비

고창군 고창읍 신재효 고택

둔덕교회의 노래

임실군 오수면 둔덕리 둔덕교회

방등산가비

고창군 신림면 방장산 억새봉

새야새야 파랑새야

정읍시 덕천면 갑오혁명기념탑 옆

새야새야 파랑새야

고창군 고창읍 전봉준 생가

전라북도

선운산가비

고창군 아산면 선운사 시비공원

소고당 고단 여사 가사비

정읍시 산외면 산외중학교

오늘이 오늘이소서 노래탑

남원시 동충동 남원성

정읍사

정읍시 부전동 내장산문화광장

정읍사

정읍시 시기동 정읍사공원

정읍사

정읍시 시기동 정읍시예술회관

전라북도

진안군가

진안군 진안읍 우화산 만남의광장

진안사랑가

진안군 진안읍 우화산 만남의광장

제14장
전라남도

거문도 등대가(가요) / 고향(가곡) / 내고향 진도(가요) /
노오란 셔쓰의 사나이(가요) / 누가 누가 잠자나(동요) / 달따러 가자(동요) /
목포는 항구다(가요) / 목포의 눈물(가요) / 부용산(가요) / 산동애가(가요) /
섬마을 선생님(가요) / 세월이 가면(가곡) / 엄마야 누나야(동요) /
여수항 경치(가요) / 영암아리랑(가요) / 우리의 소원(동요) / 월출산 연가(가요) /
자전거(동요) / 추억의 관방천(가요) / 향수(가요) / 향수(가곡) / 호랑나비(가요) /
흑산도 아가씨(가요) / 가거도 멸치잡이 노래(민속음악) /
가수 김정호 기념비(기념비) / 강강술래 기념비(민속음악) /
고수 김명환 기념비(기념비) / 국창 송만갑 선생 추모비(기념비) /
내 고향 망덕포구(애향가) / 내 고향 하의도(애향가) / 노래(죽창가)(기타) /
명창 박봉래 선생 추모비(기념비) / 명창 박봉술 선생 추모비(기념비) /
명창 유성준 선생 추모비(기념비) / 발산마을 노래비(애향가) /

전라남도

거문도 등대가

여수시 삼산면 거문도

김진형 작사 황선우 작곡

출렁출렁 파도는 삼산을 울리고
남쪽에는 희미한 제주 한라산
동백꽃이 만발한 수월산 밑에
여기를 찾아오라 거문도등대
반짝반짝 비치는 등대 불
15초 간격 두고 일섬광 강약교섬광
어두운 밤 앞 못 보는 길 잃은 배야
여기가 거문도다 길을 찾아라

붕붕붕 울리는 무신호 기적
사십초 간격 두고 5초붑니다
안개 끼어 앞 못 보는 길 잃은 배야
여기가 거문도다 조심 하여라
하하하하 웃음은 끊임이 없고
직원가족 친절히 일가족처럼
업무에는 충실히 힘을 다하니
갈매기야 전해다고 거문도 소식

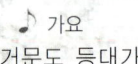
가요
거문도 등대가

전라남도

고향

보성군 벌교읍 채동선음악당

정지용 작시   채동선 작곡

고향에 고향에 돌아와도
그리던 고향은 아니러뇨

산꿩이 알을 품고
뻐꾸기 제철에 울건만

마음은 제 고향 지니지 않고
머언 항구로 떠도는 구름

오늘도 메 끝에 홀로 오르니
흰점 꽃이 인정스레 웃고

어린 시절에 불던
풀피리 소리 아니 나고
메마른 입술에 쓰디 쓰다

고향에 고향에 돌아와도
그리던 하늘만이 높푸르구나

전라남도

내 고향 진도

진도군 의신면 초사리 송군마을

박영관 작사   김병학 작곡   민서연 노래

세방낙조 붉게 물든 동백꽃도 절경인데
푸른 바다 갈매기 떼 춤을 추며 노래하네
충무공의 혼이 서린 진도대교 나를 반기니
어얼씨구 지화자 좋아 보배로다 내 고향 진도여
삼별초의 나라 사랑 마음 저린 어머니 가슴
얼싸안고 노래하며 아름답게 꽃을 피워보세
아리 아리랑 스리 스리랑
어화둥둥 내 고향 진도여

모세기적 신비의 바닷길 뽕할머니 그리운데
바람소리 정이 서린 판소리로 출렁이네
강강술래 백조의 춤 어깨춤이 절로 나네
어얼씨구 지화자 좋아 금쪽같은 내 고향 진도여
시서화창 맥을 이어 대대손손 자손만대
흥겨웁게 노래하며 덩실덩실 춤을 추어보세
아리 아리랑 스리 스리랑
어화둥둥 내 고향 진도여

어화둥둥 내 고향 진도여

가요
내 고향 진도

전라남도

노오란 셔쓰의 사나이

장흥군 장흥읍 억불산 우드랜드

♪ 손석우 작사 손석우 작곡 한명숙 노래

노오란 셔쓰 입은 말없는 그 사람이
어쩐지 나는 좋아 어쩐지 맘에 들어
미남은 아니지만 씩씩한 생김생김
그이가 나는 좋아 어쩐지 맘이 쏠려

아~ 야릇한 마음 처음 느껴본 심정
아~ 그이도 나를 좋아하고 계실까
노오란 셔쓰 입은 말없는 그 사람이
어쩐지 나는 좋아 어쩐지 맘에 들어

전라남도

누가 누가 잠자나

고흥군 고흥읍 고흥동초등학교

고흥군 고흥읍 고흥문화회관 앞

♬ 목일신 작사 박태현 작곡

넓고 넓은 밤 하늘엔
누가 누가 잠자나
하늘나라 아기별이
깜박깜박 잠자지

깊고 깊은 숲속에선
누가 누가 잠자나

산새 들새 모여 앉아
꼬박꼬박 잠자지

포근 포근 엄마 품엔
누가 누가 잠자나
우리 아기 예쁜 아기
쌔근쌔근 잠자지

♪ 동요
누가 누가 잠자나

전라남도

달 따러 가자

장성군 북하면 장성문화예술공원

윤석중 작사 박태현 작곡

애들아 나오너라 달 따러 가자
장대 들고 망태 메고 뒷동산으로
뒷동산에 올라가 무등을 타고
장대로 달을 따서 망태에 담자

저 건너 순이네는 불을 못켜서
밤이면은 바느질도 못한다더라
애들아 나오너라 달을 따다가
순이 엄마 방에다가 달아드리자

동요 ♪
달 따러 가자

전라남도

목포는 항구다

목포시 산전동 이난영공원

♪ 조명암 작사 이봉룡 작곡 이난영 노래

영산강 안개 속에 기적이 울고　유달산 잔디 밭에 놀던 옛날도　여수로 떠나갈까 제주로 갈까
삼학도 등대아래 갈매기 우는　동백꽃 쓸어안고 울던 옛날도　비오는 선창머리 돛대를 잡고
그리운 내 고향 목포는 항구다　그리운 내 고향 목포는 항구다　이별 튼 내 고향 목포는 항구다
목포는 항구다 이별의 부두　목포는 항구다 똑딱선 운다　목포는 항구다 추억의 고향

♪ 가요
목포는 항구다

전라남도

목포의 눈물

목포시 죽교동 유달산 중턱

목포시 산정동 이난영공원

문일석 작사 손목인 작곡 이난영 노래

사공의 뱃노래 가물거리며
삼학도 파도 깊이 스며드는데
부두에 새악씨 아롱 젖은 옷자락
이별의 눈물인가 목포의 설움

삼백년 원한품은 노적봉 밑에
임자취 완연하다 애닯은 정조
유달산 바람은 영산강을 아느니
임그려 우는 마음 목포의 눈물

깊은 밤 조각달은 흘러 가는데
어찌다 옛상처가 새로워진다
못오는 임이면 이 마음도 보낼 것을
항구의 맺은 절개 목포의 사랑

가요
목포의 눈물

전라남도

부용산

보성군 벌교읍 부용산 오리길

목포시 대성동 목포여자고등학교

박기동 작시   안성현 작곡

부용산 오리길에 잔디만 푸르러 푸르러
솔밭 사이 사이로 회오리 바람타고
간다는 말 한마디 없이 너는 가고 말았구나
피어나지 못한 채 병든 장미는 시들어지고
부용산 봉우리에 하늘만 푸르러 푸르러

그리움 강이 되어 내 가슴 맴돌아 흐르고
재를 넘는 석양은 저만치 홀로 섰네
백합일시 그 향기롭던 너의 꿈은 간 데 없고
돌아서지 못한 채 나 외로이 예 서 있으니
부용산 저 멀리엔 하늘만 푸르러 푸르러

♪ 가요
부용산

전라남도

산동애가

구례군 산동면 산수유사랑공원

 백부전 작사 김상길 작곡 이효정 노래

잘 있거라 산동아 너를 두고 나는 간다
열 아홉 꽃봉오리 열 아홉 꽃봉오리
피워 보지 못한 채로
까마귀 우는 골에 병든 다리 절며 절며
달비 머리 풀어 얹고 원한의 넋이 되어
노고단 골짜기에 이름 없이 쓰러졌네

살기 좋은 산동마을 인심도 좋아
산수유 꽃잎마다 설운 정을 맺어 놓고
까마귀 우는 골에 나는야 간다

지리산 노고단아 화엄사 종소리야
너만은 너만은 영원토록 울어다오

잘 있거라 산동아 너를 두고 나는 간다
산수유 꽃잎마다 산수유 꽃잎마다
설운 정을 맺어 놓고
회오리 찬바람에 부모 효성 다 못하고
발길마다 눈물지며 꽃처럼 떨어져서
나 혼자 총소리에 이름없이 쓰러졌네

가요 ♪
산동애가

전라남도

섬마을 선생님

함평군 손불면 안악해변 입구

🎵 이경재 작사 박춘석 작곡 이미자 노래

해당화 피고 지는 섬마을에
철새따라 찾아온 총각선생님
열아홉 살 섬 색시가 순정을 바쳐
사랑한 그 이름은 총각선생님
서울엘랑 가지를 마오 가지를 마오

구름도 비켜가는 섬마을에
무엇하러 왔던가 총각선생님
그리움이 별처럼 쌓이는 바닷가에
시름을 달래보는 총각선생님
서울엘랑 가지를 마오 떠나지 마오

🎵 가요
섬마을 선생님

전라남도

세월이 가면

장성군 북하면 장성문화예술공원

박인환 작시   이진섭 작곡   박인희 노래 (원창 계수남)

지금 그 사람 이름은 잊었으나
그의 눈동자 입술은
내 가슴에 있네
바람이 불고
비가 올 때도
나는 저 유리창 밖

가로등 그늘의 밤을 잊지 못하네
사랑은 가고 과거는 남는 것
여름날의 호숫가
가을의 공원
그 벤치 위에
나뭇잎은 떨어지고

나뭇잎은 흙이 되고
나뭇잎에 덮여
우리의 사랑이 사라진다 해도
지금 그 사람 이름은 잊었으나
그의 눈동자 입술은
내 가슴에 있네
내 서늘한 가슴에 있네

가곡 ♪
세월이 가면

전라남도

엄마야 누나야

나주시 남평면 지석강유원지

김소월 작사   안성현·김광수 작곡

엄마야 누나야 강변 살자
뜰에는 반짝이는 금모래 빛
뒷문 밖에는 갈잎의 노래
엄마야 누나야 강변 살자

엄마야 누나야 강변 살자
뜰에는 반짝이는 금모래 빛
뒷문 밖에는 갈잎의 노래
엄마야 누나야 강변 살자

전라남도

여수항 경치

여수시 수정동 오동도

🎵 조종웅 작사 조종웅 작곡

북쪽에는 종고산이 솟아 있고요
남쪽에는 장군도가 놓여 있구나
거울 같은 바다 위에 고기 잡는 배
돛을 달고 왔다갔다 오동도 바다
아 아름답구나 여수항 경치
아 아름답구나 여수항 경치

고소대의 푸른 솔은 임의 넋이요
진남관의 용마루는 큰 칼 같고나
종포 선창 갯가에선 뱃노래 높아
비단 물결 반짝이는 좌수영 바다
아 아름답구나 여수항 경치
아 아름답구나 여수항 경치

동쪽에는 수평선에 물새 날고요
서쪽에는 구봉산이 감싸 있구나
저녁노을 곱게 들면 돌아오는 배
한산사의 종소리가 은은하도다
아 아름답구나 여수항 경치
아 아름답구나 여수항 경치

가요 ♪
여수항 경치

영암 아리랑

영암군 영암읍 월출산 기찬랜드

영암군 군서면 왕인박사 유적지

영암군 영암읍 월출산 천황지구 등산로 입구

♪ 이환의 작사 고봉산 작곡 하춘화 노래

달이 뜬다 달이 뜬다 영암 고을에 둥근 달이 뜬다
달이 뜬다 달이 뜬다 둥근둥근 달이 뜬다 월출산 천황봉에 보름달이 뜬다
아리랑 동동 쓰리랑 동동 에헤야 데헤야 어사와 데야 달 보는 아리랑 님 보는 아리랑
풍년이 온다 풍년이 온다 지화자자 좋구나 서호강 몽해들에 풍년이 온다
아리랑 동동 쓰리랑 동동 에헤야 데헤야 어사와 데야 달 보는 아리랑 님 보는 아리랑
흥타령 부네 흥타령 부네 목화짐 지고 흥겹게 부네 용칠 도령 목화 짐은 장가 밑천이라네
아리랑 동동 쓰리랑 동동 에헤야 데헤야 어사와 데야 달 보는 아리랑 님 보는 아리랑

전라남도

우리의 소원

장성군 북이면 갈재 통일공원

♬ 안석주 작사 안병원 작곡

우리의 소원은 통일 꿈에도 소원은 통일
이 정성 다해서 통일 통일을 이루자
이 겨레 살리는 통일 이 나라 살리는 통일
통일이여 어서 오라 통일이여 오라

동요 ♪
우리의 소원

전라남도

월출산 연가

영암군 영암읍 월출산 기찬랜드

 하춘화 작사 박성훈 작곡 하춘화 노래

영산강 하구둑엔 지름길도 생겼는데
영암 떠난 우리 님은 어이하여 안오시나
서울길이 멀다 해도 한나절에 오가는데
오시는 길 잊으셨나요
월출산에 심은 추억 정주고 떠난 님아
기다리다 기다리다 학이 된 여인
낭주골 사랑 잊었나요 잊으셨나요
우리 사랑을 잊으셨나요
낭주골 사랑 잊었나요 잊으셨나요

월출산 맑은 물로 기찬랜드 생겼는데
영암 떠난 우리 님은 어이하여 안오시나
서울길이 멀다 해도 한나절에 오가는데
오시는 길 잊으셨나요
월출산에 심은 추억 정주고 떠난 님아
기다리다 기다리다 학이 된 여인
낭주골 사랑 잊었나요 잊으셨나요
우리 사랑을 잊으셨나요
낭주골 사랑 잊었나요 잊으셨나요
월출산에 꽃은 피는데

 ♪ 가요
월출산 연가

전라남도

자전거

고흥군 고흥읍 고흥문화회관

목일신 작사　김대현 작곡

찌르릉 찌르릉 비켜 나셔요
자전거가 나갑니다 찌르르르릉
저기 가는 저 영감 꼬부랑 영감
어물어물 하다가는 큰일납니다

찌르릉 찌르릉 이 자전거는
울아버지 장에 갔다 돌아오실 제
오불랑 꼬불랑 고개를 넘어
비탈길을 스르륵 타고 온다오

찌르릉 찌르릉 이 자전거는
울아버지 사 오신 자전거라오
머나먼 시골길을 돌아오실 제
간들간들 타고 오는 자전거라오

동요
자전거

전라남도

추억의 관방천

전남 담양군 담양읍 객사리 담양조각공원 (관방제림)

♪ 전두옥 작사   김초송 작곡   조규선 노래

조각달이 추월산에 외로이 뜨고
관방천의 물소리는 처량도 한데
님 가시고 소식없는 관방천에서
나와 같이 홀로 섰는 종대가 섧다

풍경소리 양각사의 적막을 깨고
우거진 대밭속에 빼꾹새 울면
정만두고 떠나버린 관방천에서
바람따라 같이 우는 고목이 섧다

구부러진 황새목길 홀로 거니는
이 한밤의 하소연을 그 누가 알리
내 청춘이 시들어진 관방천에서
주막집의 깜박이는 등불이 섧다

♪ 가요
추억의 관방천

향수

장성군 북하면 장성문화예술공원

정지용 작시 김희갑 작곡 이동원, 박인수 노래

넓은 벌 동쪽 끝으로
옛이야기 지줄대는
실개천이 휘돌아 나가고
얼룩백이 황소가
해설피 금빛 게으른 울음을 우는 곳
그곳이 차마 꿈엔들 잊힐리야

질화로에 재가 식어지면
비인 밭에 밤바람 소리 말을 달리고
엷은 졸음에 겨운 늙으신 아버지가
짚베개를 돋아 고이시는 곳
그곳이 차마 꿈엔들 잊힐리야

흙에서 자란 내 마음
파아란 하늘빛이 그리워
함부로 쏜 화살을 찾으려
풀섶 이슬에 함초롬 휘적시던 곳
그곳이 차마 꿈엔들 잊힐리야

전설바다에 춤추는 밤물결 같은
검은 귀밑머리 날리는 어린 누이와
아무렇지도 않고 예쁠 것도 없는
사철 발벗은 아내가
따가운 햇살을
등에 지고 이삭 줍던 곳
그곳이 차마 꿈엔들 잊힐리야

하늘에는 성근 별
알 수도 없는 모래성으로
발을 옮기고
서리 까마귀 우지 짖고
지나가는
초라한 지붕
흐릿한 불빛에 돌아앉아
도란도란거리는 곳
그곳이 차마
꿈엔들 잊힐리야

전라남도

향수

무안군 무안읍 서호리 마을회관 앞

정남면 작사   이성대 작곡   서우정 노래

앞만보고 달려오다 가버린 세월
천년만년 살 것처럼 뼈저린 고생
후회없다 위로해도 애달픈 마음
지그시 눈 감으면 먼 옛날 추억
그 때가 행복했네 정녕 그립네
그 때가 행복했네 마냥 그립네

유수같이 꿈결같이 가버린 세월
황소처럼 일만 알고 살았노라고
혼자서 달래봐도 허전한 가슴
고요히 눈을 들면 하늘 저 멀리
떠오르네 고향산천 죽마고우
그 때가 행복했네 정녕 그립네
그 때가 행복했네 마냥 그립네

♪ 가곡
향수

전라남도

호랑나비

함평군 함평읍 함평엑스포공원

이혜민 작사   이혜민 작곡   김흥국 노래

호랑나비 한마리가 꽃밭에 앉았는데
도대체 한 사람도 즐겨찾는 이 하나없네
하루이틀 기다려도 도대체 사람없네
이거 참 속상해 속상해 못살겠네
호랑나비야 날아봐 하늘높이 날아봐
호랑나비야 날아봐 구름위로 숨어봐

호랑나비 한마리가 꽃밭에 앉았는데
도대체 한 사람도 즐겨찾는 이 하나없네
호랑나비야 날아봐 하늘높이 날아봐
호랑나비야 날아봐 구름위로 숨어봐

전라남도

흑산도 아가씨

신안군 흑산면 흑산도 상라봉전망대

♬ 정두수 작사   박춘석 작곡   이미자 노래

남몰래 서러운 세월은 가고
물결은 천번 만번 밀려오는데
못 견디게 그리운 아득한 저 육지를
바라보다 검게 타버린
검게 타버린 흑산도 아가씨

한없이 외로운 달빛을 안고
흘러온 나그넨가 귀향살인가
애타도록 보고픈 머나먼 그 서울을
그리다가 검게 타버린
검게 타버린 흑산도 아가씨

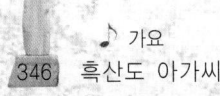
♪ 가요
흑산도 아가씨

전라남도

가거도 멸치잡이 노래

신안군 흑산면 가거도리

가수 김정호 기념비

담양군 담양읍 호남기후변화체험관 앞 잔디광장

강강술래 기념비

해남군 문내면 우수영 강강술래 전수관

고수 김명환 기념비

곡성군 곡성읍 군민회관

국창 송만갑 선생 추모비

구례군 구례읍 동편제소리전수관

내 고향 망덕포구

광양군 진월면 망덕포구

전라남도

내 고향 하의도

신안군 하의면 오림리

노래(죽창가)

해남군 삼산면 김남주 생가

명창 박봉래 선생 추모비

구례군 구례읍 동편제소리전수관

명창 박봉술 선생 추모비

구례군 구례읍 동편제소리전수관

명창 유성준 선생 추모비

구례군 구례읍 동편제소리전수관

발산마을 노래비

나주군 세지면 교산리 발산마을

전라남도

복내 삼베 길쌈 소리비

보성군 복내면 소공원

상동 들노래

무안군 무안읍 상동마을

서편제 비조 박유전 선생 기념비

보성군 보성읍 소공원

소고당 고단 여사 가사비

장흥군 장흥읍 평화리마을입구

아리랑

장성군 북이면 갈재통일공원

영암 향토가

영암군 군서면 왕인박사 유적지

♪ 기타
한국의노래비

전라남도

옥씨 종족의 노래

무안군 몽탄면 사동마을 입구

용산마을 노래비

진도군 임회면 용산마을

작곡가 정율성 선생 기념비

화순군 능주초등학교

장산 들노래

신안군 장산면 들노래전수관

장성군민의 노래

장성군 북하면 장성문화예술공원

장성의 찬가

장성군 북하면 장성문화예술공원

전라남도

전남도민의 노래

장성군 북하면 장성문화예술공원

진도아리랑

진도군 의신면 첨찰산입구

하의도 연자방아 도리깨놀이 노래비

신안군 하의면 웅곡리

하의도 상여소리 노래비

신안군 하의면 하의도

학산 들노래

나주군 노안면 학산리 용산마을

황금 들노래

담양군 수북면 황금리 마을회관

노래 판각 (손석우 작사·작곡)

전라남도

나 하나의 사랑

장흥군 장흥읍 억불산우드랜드

내 고향, 정남진

장흥군 장흥읍 억불산우드랜드

우리 애인은 올드미스

장흥군 장흥읍 억불산우드랜드

이별의 종착역

장흥군 장흥읍 억불산우드랜드

즐거운 잔칫날

장흥군 장흥읍 억불산우드랜드

제15장
경상북도

겨울 나무(동요) / 고향의 봄(동요) / 꽃을 든 남자(가요) / 나그네 설움(가요) /
나뭇잎배(동요) / 내 사랑 군위(가요) / 노들강변(가요) / 누가 누가 잠자나(동요) /
독도는 우리 땅(가요) / 등대지기(동요) / 마음의 자유천지(가요) / 마지막 잎새(가요) / 무너진 사랑탑(가요) / 바다가 육지라면(가요) / 산 넘어 남촌에는(가곡) /
섬집 아기(동요) / 성불사의 밤(가곡) / 시계바늘(가요) / 신라의 달밤(가요) /
안동역에서(가요) / 어린 음악대(동요) / 어머니의 마음(가곡) / 얼룩송아지(동요) /
영일만 친구(가요) / 외나무다리(가요) / 울릉도는 나의 천국(가요) /
전우야 잘자라(가요) / 초가삼간(가요) / 팔공산아(가요) / 푸른 잔디(동요) /
해뜰날(가요) / 향수(가곡) / 황성옛터(가요) /
공갈못 노래비(연꽃 따는 노래)(민속음악) / 국통산 노래비(애향가) /
농암가(민속음악) / 농암가비(민속음악) / 도천수대비가(민속음악) /
명창 박녹주 음악비(기념비) / 모죽지랑가(민속음악) / 문경새재 아리랑(민속음악)

경상북도

겨울 나무

칠곡군 석적면 세아조각수목원

이원수 작사 정세문 작곡

나무야 나무야 겨울 나무야
눈 쌓인 응달에 외로이 서서
아무도 찾지 않는 추운 겨울을
바람 따라 휘파람만 불고 있느냐

평생을 살아봐도 늘 한 자리
넓은 세상 소식도 바람께 듣고
꽃 피던 봄 여름 생각하면서
나무는 휘파람만 불고 있구나

♪ 동요
겨울 나무

경상북도

고향의 봄

영덕군 달산면 옥계솟대공원

칠곡군 석적면 세아조각수목원

 이원수 작사   홍난파 작곡

나의 살던 고향은 꽃 피는 산골
복숭아 꽃 살구 꽃 아기 진달래
울긋불긋 꽃대궐 차린 동네
그 속에서 놀던 때가 그립습니다

꽃동네 새동네 나의 옛 고향
파란 들 남쪽에서 바람이 불면
냇가에 수양버들 춤추는 동네
그 속에서 놀던 때가 그립습니다

경상북도

꽃을 든 남자

예천군 예천읍 한천체육공원

김정호 작사 김정호 작곡 최석준 노래

외로운 가슴에 꽃씨를 뿌려요
사랑이 싹틀 수 있게
새벽에 맺힌 이슬이 꽃잎에 내릴 때부터
온통 나를 사로잡네요

메마른 가슴에 꽃비를 뿌려요
사랑이 싹틀 수 있게
하얗게 두 손 흔들며 내 곁에 내릴 때부터
온통 나를 사로잡네요

** 나는야 꽃잎 되어 그대 가슴에 영원히 날고 싶어라
사랑에 취해 향기에 취해 그대에게 빠져버린 나는 나는 꽃을 든 남자

♪ 가요
꽃을 든 남자

경상북도

나그네 설움

성주시 성주읍 경산리 성밖숲

성주시 성주읍 성주고등학교 교정

김천시 대항면 직지문화공원

고려성(조경환) 작사 이재호 작곡 백년설 노래

오늘도 걷는다마는
정처 없는 이 발길
지나온 자욱마다 눈물 고였다
선창가 고동소리 옛 님이 그리워도
나그네 흐를 길은 한이 없어라

타관 땅 밟아서 돈지
십년 넘어 반평생
사나이 가슴속에 한이 서린다
황혼이 찾아들면 고향도 그리워져
눈물로 꿈을 불러 찾아도 보네

낯익은 거리다마는
이국보다 차워라
가야할 지평선에 태양도 없어
새벽 별 찬서리가
뼛골에 스미는데
어디로 흘러가랴 흘러 갈쏘냐

가요 ♪
나그네 설움

경상북도

나뭇잎 배

칠곡군 석적면 세아조각수목원

박홍근 작사 윤용하 작곡

낮에 놀다 두고 온 나뭇잎 배는
엄마 곁에 누워도 생각이 나요
푸른 달과 흰 구름 둥실 떠가는
연못에서 사알 살 떠다니겠지

연못에다 띄워 논 나뭇잎 배는
엄마 곁에 누워도 생각이 나요
살랑살랑 바람에 소곤거리는
갈잎 새를 혼자서 떠다니겠지

♪ 동요
나뭇잎 배

경상북도

내 사랑 군위

군위군 군위읍 체육공원

 김병걸 작사 최강산 작곡 조은성 노래

산도 산도 많아라 골짜기마다 평화로운 마을마을이
누가 누가 사나요 정다운 사람 만나면 반가워
팔공산에 뜨는 해는 아침을 열고
위천강에 마음 실어 어디로 가나
경치 경치 좋아라 산허리마다 아름다운 전설 전설이
사랑 사랑 내사랑 내사랑 군위 영원한 내고향

정도 정도 많아라 사랑도 많아 인심좋은 마을마을이
누가 누가 사나요 정다운 사람 만나면 반가워
아미산에 뜨는 달에 소원을 빌고
군위댐에 서린 안개 어디로 가나

경치 경치 좋아라 산허리마다 아름다운 전설 전설이
사랑 사랑 내사랑 내사랑 군위 영원한 내고향

팔공산에 뜨는 해는 아침을 열고
위천강에 마음 실어 어디로 가나
경치 경치 좋아라 산허리마다 아름다운 전설 전설이
사랑 사랑 내사랑 내사랑 군위 영원한 내고향

경상북도

노들강변

김천시 황금동 남산공원

신불출 작사 문호월 작곡 박부용 노래

노들강변 봄버들 휘휘 늘어진 가지에다가
무정세월 한 허리를 칭칭 동여 매어나 볼까
에헤요 봄버들도 못 믿을 이로다
흐르는 저기 저 달만 흘러 흘러서 가노라

노들강변 백사장 모래마다 밟은 자국
만고풍상 비바람에 몇 번이나 지나갔나
에헤요 백사장도 못 믿을 이로다
푸르른 저기 저 물만 흘러 흘러서 가노라

가요
노들강변

경상북도

누가 누가 잠자나

칠곡군 석적면 세아조각수목원

♬ 목일신 작사 박태현 작곡

넓고 넓은 밤 하늘엔
누가 누가 잠자나
하늘나라 아기별이
깜빡 깜빡 잠자지

깊고 깊은 숲속에선
누가 누가 잠자나
산새들이 모여 앉아
꼬박꼬박 잠자지

동요 ♪
누가 누가 잠자나

경상북도

독도는 우리 땅

울릉군 울릉읍 도동항 도동소공원

♪ 박인호(박문영) 작사 박인호(박문영) 작곡 정광태 노래

울릉도 동남쪽 뱃길 따라 이 백리 외로운 섬 하나 새들의 고향
그 누가 아무리 자기네 땅이라고 우겨도 독도는 우리 땅
경상북도 울릉군 울릉읍 독도리 동경 백삼십이 북위 삼십칠
평균기온 십이도 강수량은 천삼백 독도는 우리 땅
오징어 꼴뚜기 대구 명태 거북이 연어알 물새알 해녀 대합실
십칠만 평방미터 우물 하나 분화구 독도는 우리 땅
지증왕 십삼년 섬나라 우산국 세종실록지리지 오십쪽 세째줄
하와이는 미국 땅 대마도는 조선 땅 독도는 우리 땅
러일전쟁 직후에 임자 없는 섬이라고 억지로 우기면 정말 곤란해
신라장군 이사부 지하에서 웃는다 독도는 한국 땅

♪ 가요
독도는 우리 땅

경상북도

등대지기

경주시 감포읍 전촌항 방파제 등대

♪ 유경손 역사 외국 곡

얼어붙은 달 그림자 물결 위에 차고
한겨울의 거센 파도 모으는 작은 섬
생각하라 저 등대를 지키는 사람의
거룩하고 아름다운 사랑의 마음을

모질게도 비바람이 저 바다를 덮어
산을 이룬 거센 파도 천지를 흔든다
이 밤에도 저 등대를 지키는 사람의
거룩한 손 정성 이어 바다를 비친다

동요 ♪
등대지기

경상북도

마음의 자유천지

경산시 계양동 남매공원

♪ 손로원 작사 백영호 작곡 방운아 노래

백금에 보석 놓은 왕관을 준다 해도
흙냄새 땀이 젖은 배적삼만 못하더라
순정의 샘이 솟는 내 젊은 가슴속엔
내 맘대로 버들피리 꺾어도 불고
내 노래 곡조따라 참새도 운다.

세상을 살 수 있는 황금을 준다 해도
보리밭 갈아주는 얼룩소만 못하더라
희망의 싹이 트는 내 젊은 가슴속엔
내 맘대로 토끼들과 얘기도 하고
내 담배 연기따라 세월도 간다.

♪ 가요
마음의 자유천지

경상북도

마지막 잎새

경주시 현곡면 남사저수지 소공원

정귀문 작사   배상태 작곡   배 호 노래

그 시절 푸르던 잎 어느덧 낙엽 지고
달빛만 싸늘히 허전한 가지
바람도 살며시 비켜가건만
그 얼마나 참았던 사무친 상처 길래
흐느끼며 떨어지는 마지막 잎새

싸늘히 부는 바람 가슴을 파고들어
오가는 발길도 끊어진 거리
애타게 부르며 서로 찾을걸
어이해 보내고 참았던 눈물인데
흐느끼며 길 떠나는 마지막 잎새

경상북도

무너진 사랑탑

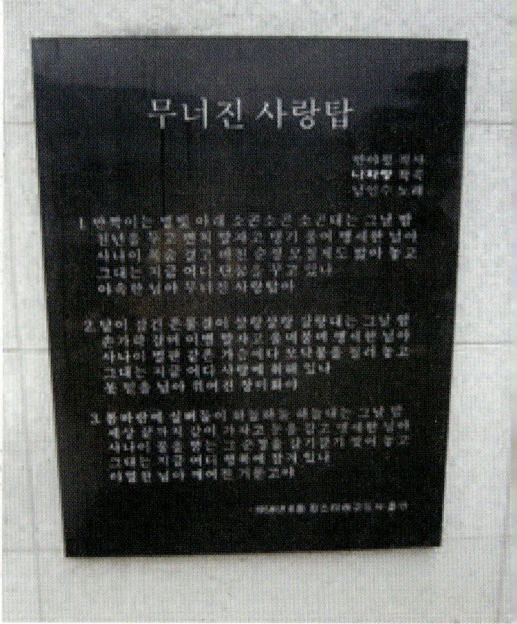

김천시 대항면 직지문화공원

반야월 작사 나화랑 작곡 남인수 노래

반짝이는 별빛 아래 소곤소곤 소곤대는 그날 밤
천년을 두고 변치 말자고 댕기 풀어 맹세한 님아
사나이 목숨 걸고 바친 순정 모질게도 밟아 놓고
그대는 지금 어디 단꿈을 꾸고 있나
야속한 님아 무너진 사랑탑아
달이 잠긴 은물결이 살랑살랑 살랑대는 그날 밤
손가락 걸며 이별 말자고 울며불며 맹세한 님아
사나이 벌판 같은 가슴에다 모닥불을 질러 놓고
그대는 지금 어디 사랑에 취해 있나
못 믿을 님아 꺾어진 장미화야
봄바람에 실버들이 하늘하늘 하늘대는 그날 밤
세상 끝까지 같이 가자고 눈을 감고 맹세한 님아
사나이 불을 뿜는 그 순정을 갈기갈기 찢어 놓고
그대는 지금 어디 행복에 잠겨 있나
야멸찬 님아 깨어진 거문고야

가요
무너진 사랑탑

경상북도

바다가 육지라면

경주시 감포읍 나정해수욕장 해변

정귀문 작사   이인권 작곡   조미미 노래

얼마나 멀고먼지 그리운 서울은
파도가 길을 막아 가고파도 못갑니다
바다가 육지라면 바다가 육지라면
배 떠난 부두에서 울고 있지 않을 것을
아~ 바다가 육지라면
눈물은 없었을 것을

어제 온 연락선은 육지로 가는데
할말이 하도많아 목이메어 못합니다
이몸이 철새라면 이몸이 철새라면
뱃길에 훨훨날아 어디든지 가련마는
아~ 바다가 육지라면
이별은 없었을 것을

가요 ♪
바다가 육지라면

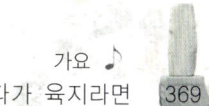

경상북도

산 넘어 남촌에는

김천시 대항면 김천직지공원

김동환 작시   김규환 박찬석 작곡

산 너머 남촌에는 누가 살길래
해마다 봄바람이 남으로 오네
꽃피는 사월이면 진달래 향기
밀 익는 오월이면 보리 내음새
어느 것 한가진들 실어 안오리
남촌서 남풍 불 제 나는 좋데나

산 너머 남촌에는 누가 살길래
저 하늘 저 빛깔이 저리 고울까
금잔디 너른 벌엔 호랑나비 떼
버들밭 실개천엔 종달새 노래
어느 것 한가진들 들려 안오리
남촌서 남풍 불 제 나는 좋데나

산 너머 남촌에는 배나무 있고
배나무 꽃아래엔 누가 섰다기
그리운 생각에 재에 오르니
구름에 가리어 아니 보이네
끊었다 이어오는 가는 노래는
바람을 타고서 고이 들리네

가곡
산 넘어 남촌에는

경상북도

섬집 아기

칠곡군 석적면 세아조각수목원

한인현 작사　이흥렬 작곡

엄마가 섬 그늘에 굴 따러 가면
아기는 혼자 남아 집을 보다가
바다가 불러 주는 자장 노래에
팔 베고 스르르르 잠이 듭니다

아기는 잠을 곤히 자고 있지만
갈매기 울음 소리 맘이 설레어
다 못 찬 굴 바구니 머리에 이고
엄마는 모랫길을 달려 옵니다

동요 ♪
섬집 아기

경상북도

성불사의 밤

상주시 화북면 성불사 경내

♪ 이은상 작시 홍난파 작곡

성불사 깊은 밤에 그윽한 풍경소리
주승은 잠이들고 객이 홀로 듣는구나
저손아 마저 잠들어 혼자 울게 하여라

댕그렁 울릴제면 더 울릴까 맘졸이고
끊일젠 또 들리랴 소리나기 기다려져
새도록 풍경소리 더리고 잠못이뤄 하노라

* 가사 속 성불사는 황해북도 사리원시에 위치

♪ 가곡
성불사의 밤

경상북도

시계바늘

칠곡군 약목면 남계리 신유장군 유적지 앞

 신웅 작사 신웅 작곡 신유 노래

사는게 뭐 별거 있더냐
욕 안먹고 살면 되는거지
술 한잔에 시름을 털고
너털웃음 한번 웃어보자 세상아
시계바늘처럼 돌고 돌다가
가는 길을 잃은 사람아
미련따윈 없는거야 후회도 없는거야
아아아~~ 세상살이 뭐 다 그런거지 뭐

돈이 좋아 여자가 좋아
술이 좋아 친구가 좋아
싫다하는 사람은 없어
너도 한번 해보고 나도 한번 해본다
시계바늘처럼 돌고 돌다가
가는 길을 잃은 사람아
미련따윈 없는 거야 후회도 없는거야
아아아~세상살이 뭐 다 그런거지 뭐
세상살이 뭐 다 그런거지 뭐

가요 ♪
시계바늘

경상북도

신라의 달밤

경주시 불국동 구정로터리

경주시 감포읍 나정해수욕장

유호 작사 박시춘 작곡 현인 노래

아~ 신라의 밤이여
불국사의 종소리 들리어 온다
지나가는 나그네야 걸음을 멈추어라
고요한 달빛 어린 금오산 기슭에서
노래를 불러보자 신라의 밤 노래를

아~ 신라의 밤이여
화랑도의 추억이 새로웁고나
푸른 강물 흐르건만 종소리는 그치었네
화려한 천년사직 간곳을 더듬으며
노래를 불러보자 신라의 밤 노래를

아~ 신라의 밤이여
아름다운 궁녀들 그리웁고나
대궐 뒤 숲속에서 사랑을 맺었던가
님들의 치맛소리 귓속에 들으면서
노래를 불러보자 신라의 밤 노래를

♪ 가요
신라의 달밤

경상북도

안동역에서

안동시 운흥동 안동역 광장

 김병걸 작사 최강산 작곡 진 성 노래

바람에 날려버린 허무한 맹세였나
첫눈이 내리는 날 안동역 앞에서
만나자고 약속한 사람
새벽부터 오는 눈이 무릎까지 덮는데
안 오는 건지 못 오는 건지 오지 않는 사람아
안타까운 내 마음만 녹고 녹는다
기적소리 끊어진 밤에

어차피 지워야 할 사랑은 꿈이었나
첫 눈이 내리는 날 안동역 앞에서
만나자고 약속한 사람
새벽부터 오는 눈이 무릎까지 덮는데
안 오는 건지 못 오는 건지 대답 없는 사람아
기다리는 내 마음만 녹고 녹는다
밤이 깊은 안동역에서

경상북도

어린 음악대

경산시 하양읍 하양초등학교

김성도 작사   김성도 작곡

따따따 따따따 주먹손으로
따따따 따따따 나팔 붑니다
우리들은 어린 음악대
동네 안에 제일 가지요

쿵작작 쿵작작 둥근 차돌로
쿵작작 쿵작작 북을 칩니다
구경꾼은 모여 드는데
어른들은 하나 없지요

♪ 동요
어린 음악대

경상북도

어머님의 마음

상주시 화서면 성불사

양주동 작시   이홍렬 작곡

나실제 괴로움 다 잊으시고
기를제 밤낮으로 애쓰는 마음
진자리 마른자리 갈아 뉘시며
손발이 다 닳도록 고생하시네
하늘아래 그 무엇이 넓다 하리오
어머님의 희생은 가이 없어라

어려선 안고 업고 얼려주시고
자라선 문 기대어 기다리는 맘
앓을 사 그릇될 사 자식 생각에
고우시던 이마 위에 주름이 가득
땅 위에 그 무엇이 높다 하리오
어머니의 정성은 지극하여라

사람의 마음속엔 온가지 소원
어머님의 마음속엔 오직 한가지
아낌없이 일생을 자식 위하여
살과 뼈를 깎아서 바치는 마음
인간의 그 무엇이 거룩 하리오
어머님의 사랑은 그지 없어라

가곡
어머님의 마음

경상북도

얼룩 송아지

경주시 황성동 황성공원

♪ 박목월 작사 손대업 작곡

송아지 송아지 얼룩 송아지
엄마 소도 얼룩소 엄마 닮았네

송아지 송아지 얼룩 송아지
두 귀가 얼룩 귀 귀가 닮았네

♪ 동요
얼룩 송아지

경상북도

영일만 친구

포항시 남구 호미곶면 등대박물관 앞

🎵 최백호 작사　최백호 작곡　최백호 노래

바닷가에서 오두막 집을 짓고 사는 어릴 적 내 친구
푸른파도 마시며 넓은 바다의 아침을 맞는다
누가 뭐래도 나의 친구는 바다가 고향이란다.
갈매기 나래위에 시를 적어 띄우는
젊은 날 뛰는 가슴 안고 수평선까지 달려 나가는
돛을 높이 올리자 거친 파도를 달려라 영일만 친구야

가요 ♪
영일만 친구

경상북도

외나무다리

영덕군 영덕읍 삼각주공원

♪ 반야월 작사   이인권 작곡   최무룡 노래

복사꽃 능금꽃이 피는 내 고향　　　어여쁜 눈썹달이 뜨는 내 고향
만나면 즐거웁던 외나무다리　　　　둘이서 속삭이던 외나무다리
그리운 내 사랑아 지금은 어디　　　헤어진 그날 밤아 추억은 어디
새파란 가슴속에 간직한 꿈을　　　싸늘한 별빛 속에 숨은 그님을
못잊을 세월 속에 날려 보내리　　　괴로운 세월 속에 어이 잊으리

♪ 가요
외나무다리

경상북도

울릉도는 나의 천국

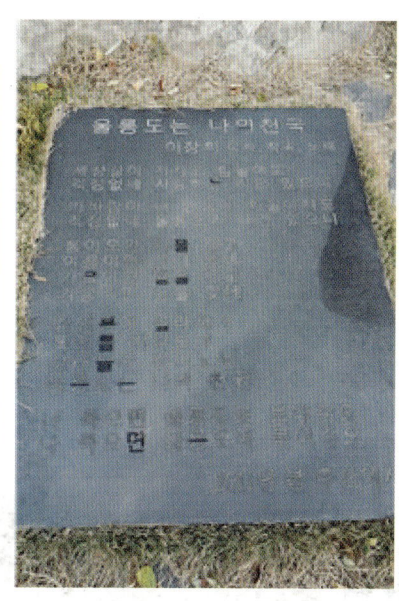

울릉군 북면 이장희 농원

 이장희 작사 이장희 작곡 이장희 노래

세상살이 지치고 힘들어도
걱정 없네 사랑하는 사람 있으니
비바람이 내 인생에 휘몰아쳐도
걱정 없네 울릉도가 내겐 있으니

봄이오면 나물 캐고
여름이면 고길 잡네
가을이면 별을 헤고
겨울이면 눈을 맞네

성인봉에 올라서서
독도를 바라보네
고래들이 뛰어 노는
울릉도는 나의 천국

나 죽으면 울릉도로 보내주오
나 죽으면 울릉도에 묻어주오

가요 ♪
울릉도는 나의 천국

경상북도

전우야 잘자라

칠곡군 가산면 다부동전적기념관 광장

유 호 작사 박시춘 작곡 현 인 노래

1) 전우의 시체를 넘고 넘어 앞으로 앞으로
   낙동강아 잘 있거라 우리는 전진한다
   원한이야 피에 맺힌 적군을 무찌르고서
   꽃잎처럼 떨어져 간 전우야 잘 자라

2) 우거진 수풀을 헤치면서 앞으로 앞으로
   추풍령아 잘 있거라 우리는 돌진한다
   달빛어린 고개에서 마지막 나누어 먹던
   화랑담배 연기속에 사라진 전우야

3) 고개를 넘어서 물을 건너 앞으로 앞으로
   한강수야 잘 있더냐 우리는 돌아 왔다
   들국화도 송이송이 피어나 반기어 주는
   노들강변 언덕 위에 잠들은 전우야

4) 터지는 포탄을 무릅쓰고 앞으로 앞으로
   우리들이 가는 곳에 삼팔선 무너진다
   흙이 묻은 철갑모를 손으로 어루 만지니
   떠 오른다 네 얼굴이 꽃같이 별같이

가요
전우야 잘자라

경상북도

초가삼간

포항시 북구 기계면 예단리 황우루 선생 묘소 앞

황우루 작사 황우루 작곡 최정자 노래

실버들 늘어진 언덕 위에 집을 짓고
정든 님과 둘이 살짝 살아 가는 초가삼간
세상살이 무정해도 비바람 몰아쳐도
정이 든 내 고향
초가삼간 오막살이 떠날 수 없네

시냇물 흐르면 님의 옷을 빨아 널고
나물 캐어 밥을 짓는 정다워라 초가삼간
밤이 되면 오손도손 호롱불 밝혀 놓고
살아 온 내 고향
초가삼간 오막살이 떠날 수 없네

경상북도

팔공산아

군위군 군위읍 체육공원

김병걸 작사 최강산 작곡 조은성 노래

걸어서 팔십리 넘어서 팔십리 굽이도는 팔공산아
너를 넘으면 어디라더냐 내가 찾던 군위가 여기냐
너무 좋구나 너무 좋구나 사람 냄새 나는 내 고향
전해오는 전설마저 세월에 주고 걸어서 팔십리
넘어서 팔십리 내 사랑 팔공산아
걸어서 팔십리 넘어서 팔십리 높이 솟은 팔공산아
너를 넘으면 한밤마을의 돌담길이 날 반겨 주느냐
너무 좋구나 너무 좋구나 사람 냄새 나는 내 고향
천년만년 삼존석굴 자랑하면서 걸어서 팔십리
넘어서 팔십리 내 사랑 팔공산아
너무 좋구나 너무 좋구나 사람 냄새 나는 내 고향
전해오는 전설마저 세월에 주고 걸어서 팔십리
넘어서 팔십리 내 사랑 팔공산아

♪ 가요
팔공산아

경상북도

푸른 잔디

칠곡군 석적면 세아조각수목원

♪ 유호 작사 한용희 작곡

풀 냄새 피어나는 잔디에 누워
새파란 하늘가 흰 구름 보면
가슴이 저절로 부풀어 올라
즐거워 즐거워 노래 불러요

우리들 노랫소리 하늘에 퍼져
흰 구름 두둥실 흘러가면은
모두 다 일어나 손을 흔들며
즐거워 즐거워 노래 불러요

경상북도

해 뜰 날

안동시 성곡동 세계물포럼기념공원

송대관 작사 신대성 작곡 송대관 노래

꿈을 안고 왔단다 내가 왔단다
슬픔도 괴로움도 모두 모두 비켜라
안 되는 일 없단다 노력하면은
쨍하고 해 뜰 날 돌아온단다

뛰고 뛰고 뛰는 몸이라 괴로웁지만
힘겨운 나의 인생 구름 걷히고
산뜻하게 맑은 날 돌아온단다
쨍하고 해 뜰 날 돌아온단다

가요
해 뜰 날

경상북도

향수

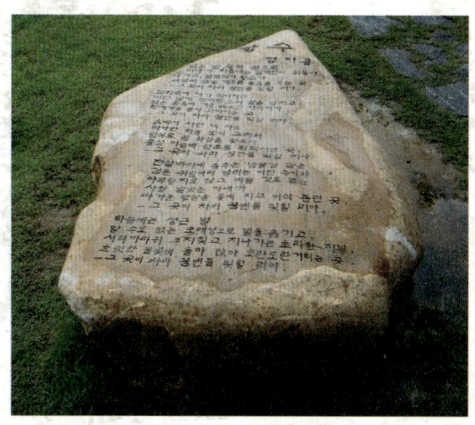

김천시 대항면 직지문화공원

정지용 시 김희갑 작곡 이동원·박인수 노래

넓은 벌 동쪽 끝으로
옛 이야기 지줄대는 실개천이 휘돌아 나가고
얼룩백이 황소가
해설피 금빛 게으른 울음을 우는 곳
그 곳이 차마 꿈엔들 잊힐리야

질화로에 재가 식어지면
비인 밭에 밤바람 소리 말을 달리고
엷은 졸음에 겨운 늙으신 아버지가
짚베개를 돋아 고이시는 곳
그 곳이 차마 꿈엔들 잊힐리야

흙에서 자란 내 마음
파아란 하늘 빛이 그리워
함부로 쏜 화살을 찾으려
풀섶 이슬에 함초롬 휘적시던 곳
그 곳이 차마 꿈엔들 잊힐리야

전설바다에 춤추는 밤물결 같은
검은 귀밑머리 날리는 어린 누이와
아무렇지도 않고 예쁠 것도 없는
사철 발벗은 아내가
따가운 햇살을 등에 지고 이삭 줍던 곳
그 곳이 차마 꿈엔들 잊힐리야

하늘에는 성근 별
알 수도 없는 모래성으로 발을 옮기고
서리 까마귀 우지 짖고 지나가는
초라한 지붕
흐릿한 불빛에 돌아 앉아 도란도란 거리는 곳
그 곳이 차마 꿈엔들 잊힐리야

가곡
향수

경상북도

황성옛터

청송군 파천면 송강리

영천시 창구동 조양공원

♪ 왕 평 작사   전수린 작곡   이애리수 노래

황성옛터에 밤이 되니 월색만 고요해
폐허에 설은 회포를 말하여 주노나
아~ 외로운 저 나그네 홀로이 잠 못 이뤄
구슬픈 벌레 소리에 말없이 눈물져요

성은 허물어져 빈터인데 방초만 푸르러
세상이 허무한 것을 말하여 주노나

아~ 가엾다 이내 몸은 그 무엇 찾으러
끝없는 꿈의 거리를 헤매어 있노라

나는 가리라 끝이 없이 이 발길 닿는곳
산을 넘고 물을 건너 정처가 없이도
아~ 한없는 이 심사를 가슴 속 깊이 묻고
이 몸은 흘러서 가느니 옛터야 잘 있거라

♪ 가요
황성옛터

경상북도

공갈못 노래비

상주시 공검면 공검지저수지

국통산 노래비

군위군 우보면 국통산 정상

농암가

안동시 도산면 농암종택 입구

농암가비

안동시 도산면 가송마을 입구

도천수대비가

군위군 고로면 일연공원

명창 박녹주 기념비

구미시 선산읍 노산리 마을회관앞

모죽지랑가

영주시 풍기읍 죽령 국도변

모죽지랑가

군위군 고로면 일연공원

문경새재 아리랑

문경시 문경읍 문경새재

문경새재 아리랑

문경시 문경읍 옛길박물관

문경새재 아리랑

문경시 문경읍 문경새재 아리랑공원

밀양 아리랑

문경시 문경읍 문경새재 아리랑공원

경상북도

범우리동가비

경주시 강동면 호명리 마을입구

병곡의 노래

영덕군 병곡면 고래불해수욕장 입구

봉현면민의 노래

영주시 봉현면사무소

사벌면민의 노래

상주시 사벌면사무소

산유화가

구미시 형곡동 구미시립중앙도서관

새마을 노래

구미시 상모동 박대통령 생가

♪ 기타

경상북도

새마을 노래

포항시 북구 기계면 봉좌산

서동요

군위군 고로면 일연공원

신전마을 노래비

문경시 산양면 신전리

아리랑

문경시 문경읍 문경새재 아리랑공원

충담사 안민가

경주시 보문단지 흥도공원

영남선산 파랑새야

구미시 선산면 해평리 쌍암고택

기타 ♪
한국의노래비

경상북도

영일군민의 노래

포항시 남구 호미곶면 등대박물관앞

예천아리랑

예천군 예천읍 한천도효자마당

왕태동가

문경군 영순면 왕태1리

정선아리랑

문경시 문경읍 문경새재 아리랑공원

제망매가

군위군 고로면 일연공원

진도아리랑

문경시 문경읍 문경새재 아리랑공원

경상북도

찬기파랑가

군위군 고로면 일연공원

찬기파랑가

경주시 교동 계림

처용가

군위군 고로면 일연공원

처용가

경주시 세계문화엑스포공원

청기면민의 노래

영양군 청기면 복지회관앞

팔각모 사나이(군가)

포항 해병대사령부(인터넷 발췌)

기타 ♪
한국의노래비

경상북도

헌화가

군위군 고로면 일연공원

호미곶 내 고향

포항시 남구 호미곶면사무소

화령의 노래

상주군 화서면 화서IC입구 삼거리

화개

구경 한번 와보세요
보기엔 그냥 시골 장터지만
있을 건 다 있구요
없을 건 없답니다 화개장터
광양에선 삐걱삐걱 나뭇배 타고
하동에선 부릉부릉 버스를 타고
산청에다 역시를 둘러싼
구경 한번 와보세요
오시면 모두모두 이웃사촌
고운 정 미운 정 주고받는
경상도 전라도의 화개장터

제16장 경상남도

가고파(가곡) / 고향의 봄(동요) / 남강의 추억(가요) / 남원 땅에 잠들었네(가요) /
내 고향 마산항(가요) / 내 고향 신월리(가곡) / 눈물 젖은 두만강(가요) /
만날고개(가곡) / 물레방아 도는데(가요) / 밤배(가요) / 비목(가곡) / 산토끼(동요) /
삼천포 아가씨(가요) / 삼포 가는 길(가요) / 상사의 내 하동(가요) / 선구자(가곡) /
섬진강(가요) / 섬진강 탄곡(가요) / 시오리 솔밭길(가요) / 애수의 소야곡(가요) /
어머니(가곡) / 엄마야 누나야(동요) / 옛 동산에 올라(가곡) / 전우야 잘자라(가요) /
찔레꽃(장사익)(가요) / 처녀 뱃사공(가요) / 하동포구 노래비(가요) /
하동포구 아가씨(가요) / 항구의 연인(가요) / 향수(가곡) / 화개장터(가요) /
황포돛대(가요) / 거제의 노래(애향가) / 고성농요비(민속음악) /
고성의 노래(애향가) / 나의 사랑 대포마을(애향가) / 노리랑가(민속음악) /
마산의 노래(애향가) / 밀양아리랑(민속음악) / 바다로 가자(군가) /
성악가 고강 영중 선생 추모비(기념비) / 송원동민의 노래(애향가) /

경상남도

가고파

창원시 마산합포구 산호공원

창원시 마산회원구 마산역 앞

창원시 마산합포구 무공수훈자기념비 자리

창원시 마산합포구 자산동 통일동산

창원시 마산합포구 돝섬
창원시 마산합포구 마산여객터미널

창원시 마산회원구 창신고등학교 교정

이은상 작시 김동진 작곡

내고향 남쪽바다 그 파란 물 눈에 보이네
꿈엔들 잊으리오 그 잔잔한 고향바다
지금도 그 물새들 날으리
가고파라 가고파
어릴제 같이 놀던 그 동무들 그리워라
어디간들 잊으리요 그 뛰놀던 고향동무
오늘은 다 무얼하는고 보고파라 보고파
그 물새 그 동무들 고향에 다 있는데
나는 왜 어이타가 떠나 살게 되었는고
온갖 것 다 뿌리치고 돌아갈까 돌아가
가서 한데 얼려 옛날같이 살고지고
내 마음 색동옷 입혀 웃고 웃고 지내고저

그 날 그 눈물 없던 때를
찾아가자 찾아가
물 나면 모래판에서
가재 거이랑 달음질하고
물 들면 뱃장에 누워 별 헤다 잠들었지
세상일 모르던 날이 그리워라 그리워
돌아가 알몸으로 깨끗이도 깨끗이

여기 물어 보고 저기 가 알아 보나
내 몫엔 즐거움은 아무 데도 없는 것을
두고 온 내 보금자리에
가 안기자 가 안겨
처자들 어미 되고 동자들 아비 된 사이
인생의 가는 길이 나뉘어 이렇구나

잃어진 내 기쁨의 길이
야까워라 아까워
일하여 시름 없고
단잠 들어 죄 없는 몸이
그 바다 물소리를 밤낮으로 듣는구나
벗들아 너희는 복된 자다
부러워라 부러워
옛 동무 노 젓는 배에
얹혀 올라 치를 잡고
한 바다 물을 따라 나명들명 살까이나
맞잡고 그물 던지며 노래하자 노래해
거기 아침은 오고 또 거기 석양은 져도
찬 얼음 센 바람은 들지 못하는 그 나라로
돌아가 알몸으로 살까나 살까나

♪ 가곡
가고파

경상남도

고향의 봄

창원시 마산합포구 산호동 산호공원

양산시 북정동 북정근린공원

양산시 교동 춘추공원

창원시 용호동 용지공원

거제시 동부면 문화관광농원

합천군 봉산면 산현리

양산시 북부동 문화의 거리

거제시 일운면 일운초등학교

 이원수 작사 홍난파 작곡

나의 살던 고향은 꽃 피는 산골
복숭아꽃 살구꽃 아기 진달래
울긋불긋 꽃 대궐 차리인 동네
그 속에서 놀던 때가 그립습니다

꽃동네 새 동네 나의 옛 고향
파란 들 남쪽에서 바람이 불면
냇가에 수양버들 춤추는 동네
그 속에서 놀던 때가 그립습니다

동요
고향의 봄

경상남도

남강의 추억

진주시 판문동 진양호공원

이재호 작사 이재호 작곡 고운봉 노래

물소리 구슬프다 안개 나린 남강에서
너를 안고 너를 안고 아~ 울려주던
그날 밤은 울려주던 그날 밤은
음~ 다시 못 올 옛 꿈이여

촉석루 옛 성터에 가을 달만 외로이
낙엽 소리 낙엽 소리 아~ 처량코나
그날 밤은 너을 안고 울었소
음~ 불러라 망향가를

♪ 가요
남강의 추억

경상남도

남원 땅에 잠들었네

창원시 마산회원구 국립 3.15 민주묘지 입구

차경철 작사   한복남 작곡   손인호 노래

원통하게 죽었고나 억울하게 죽었고나
몸부림 친 삼일오는 그 누가 만들었나
마산시민 흥분되어 총칼 앞에 싸울 적에
학도겨레 장하도다 잊지 못할 김주열
무궁화 꽃을 안고 남원땅에 잠들었네

남원 땅을 떠날 적에 성공 빌던 어머니는
애처로운 주검 안고 목메어 슬피울 때
삼천겨레 흥분되어 자유민족 찾으려고
학도겨레 장하도다 잊지 못할 김주열
무궁화 꽃을 안고 남원 땅에 잠들었네

경상남도

내 고향 마산항

창원시 마산합포구 마산여객터미널 광장

♪ 반야월 작사   고봉산 작곡   고봉산 노래

무학산 말바위에 전설이 자고
장군내 돌개천에 가재가 놀던
내 고향 마산항아 몇 해 만이냐
물장난 하던 시절
물장난 하던 시절
그리워져라

제비산 잔디위에 민들레 피고
서원골 빨래터에 버들이 푸른
내 고향 마산항은 삼월이건만
한번간 님소식은
한번간 님소식은
꿈길이더냐

돛섬에 닻을 놓고 나란히 앉아
낚시질 하던 시절 그리워져라
부산배 고동울고 떠난 부두엔
무심한 갈매기만 무심한 갈매기만
목이 쉬었소

♪ 가요
내 고향 마산항

경상남도

내 고향 신월리

고성군 고성읍 신월리마을 입구

고성군 고성읍 늘봄예술촌

♬ 김숙선 작시 황덕식 작곡

저 곳은 새섬이고 읍도는 어디인가
토끼섬 돛을 달아 뱃길을 몰아치니
숭어떼 병풍치듯이 넘쳐드는 내 고향
두레삼 물레소리 시방도 삼삼한데
빛살보다 더 빠르게 몰려오는 그리움에
추억도 물길을 열며 만선으로 오는가

경상남도

눈물 젖은 두만강

거제시 거제면 거제농업개발원

♪ 김용호 작사 이시우 작곡 김정구 노래

두만강 푸른 물에 노젓는 뱃사공
흘러간 그 옛날에 내 님을 싣고
떠나간 그 배는 어디로 갔소
그리운 내 님이여 그리운 내 님이여
언제나 오려나

강물도 달밤이면 목메어 우는데
님 잃은 이 사람도 한숨을 지니
추억에 목메인 애달픈 하소
그리운 내 님이여 그리운 내 님이여
언제나 오려나

♪ 가요
눈물 젖은 두만강

경상남도

만날고개

창원시 마산합포구 월영동 만날근린공원

정목일 작시 김봉천 작곡

만날고개 달 뜨거든 그리움의 피리 불리라
만날고개 달 뜨거든 비단고요 밟고 오시라
달무리로 넘치는 그리움
영원 속에 울리는 그리움
기약없이 떠난 님 달빛처럼 돌아오시라

만날고개 달 뜨거든 그리움의 손짓 하리라
만날고개 달 뜨거든 은빛파도 타고 오시라
은하수로 흐르는 그리움
영원 속에 사무친 그리움
송별없이 떠난 님 별빛처럼 돌아오시라

경상남도

물레방아 도는데

하동군 고전면 성평리 배드리공원

♪ 정두수 작사　박춘석 작곡　나훈아 노래

돌담 길 돌아서며 또 한번 보고
징검다리 건너갈 때 뒤돌아 보며
서울로 떠나간 사람
천리 타향 멀리 가더니
새 봄이 오기 전에 잊어버렸나
고향의 물레방아 오늘도 돌아 가는데

두 손을 마주 잡고 아쉬워하며
골목 길을 돌아설 때 손을 흔들며
서울로 떠나간 사람
천리 타향 멀리 가더니
가을이 다 가도록 소식도 없네
고향의 물레방아 오늘도 돌아 가는데

♪ 가요
물레방아 도는데

경상남도

밤배

남해군 상주면 상주은모래Beach

오세복 작사 이두진 작곡 둘다섯 노래

검은 빛 바다 위를 밤배 저 밤배
무섭지도 않은가봐 한없이 흘러가네
밤하늘 잔별들이 아롱져 비칠때면
작은 노를 저어 저어 은하수 건너가네

끝없이 끝없이 자꾸만 가면
어디서 어디서 잠들텐가 음~
볼 사람 찾는 이 없는 조그만 밤배야

가요
밤배

경상남도

비목

김해시 호국무공수훈자전공비 옆

🎵 한명희 작시 장일남 작곡

초연이 쓸고 간 깊은 계곡 깊은 계곡 양지녘에
비바람 긴 세월로 이름 모를 이름 모를 비목이여
먼 고향 초동 친구 두고 온 하늘 가
그리워 마디마디 이끼 되어 맺혔네

궁노루 산울림 달빛 타고 달빛 타고 흐르는 밤
홀로 선 적막감에 울어 지친 울어 지친 비목이여
그 옛날 천진스런 추억은 애달파
서러움 알알이 돌이 되어 쌓였네

♪ 가곡
비목

경상남도

산토끼

창녕군 창녕읍 이방초등학교

창원시 마산합포구 산호동 산호공원

♪ 이일래 작사 이일래 작곡

산토끼 토끼야 어디를 가느냐
깡총 깡총 뛰면서 어디를 가느냐

산고개 고개를 나 혼자 넘어서
토실 토실 알밤을 주워서 올테야

동요 ♪
산토끼

경상남도

삼천포 아가씨

사천시 대방동 삼천포대교공원

🎵 반야월 작사 송운선 작곡 은방울자매 노래

비내리는 삼천포에 부산배는 떠나간다
어린나를 울려놓고 떠나가는 내님이여
이제가면 오실날짜 일년이요 이년이요
돌아와요네~ 돌아와요네~ 삼천포 내고향으로

조개껍질 옹기종기 포개놓은 백사장에
소꼽장난 하던시절 잊으셨나 님이시여

이배타면 부산마산 어디든지 가련만은
기다려요네~ 기다려요네~ 삼천포 아가씨는

꽃한송이 꺾어들고 선창가에 나와서서
님을싣고 떠난배를 날-마다 기다려도
그배만은 오건만은 님은영영 안오시나
울고가요네~ 울고가요네~ 삼천포 아가씨는

🎵 가요
삼천포 아가씨

경상남도

삼포 가는 길

창원시 진해구 명제로(웅천면 우포동 삼포마을)

이혜민 작사 이혜민 작곡 강은철 노래

바람 부는 저 들길 끝에는 삼포로 가는 길 있겠지
굽이굽이 산길 걷다보면 한발 두발 한숨만 나오네
* 아~ 뜬구름 하나 삼포로 가거든
정든 님 소식 좀 전해주렴
나도 따라 삼포로 간다고
사랑도 이젠 소용 없네 삼포로 나는 가야지

저 산 마루 쉬어가는 길손아 내 사연 전해 듣겠소
정든 고향 떠난 지 오래고 내 님은 소식도 몰라요

경상남도

상사의 내 하동

하동군 악양면 평사리공원

♪ 김동현 작사 이상옥 작곡 이승룡 노래

하동아 하동아 상사의 내 하동아
섬진다리 난간위에 백사청송 그늘 밑에
님 떠난 아가씨야 너 우는 그 심사
삼춘추 타향살이 내 맘 같구나
하동아 하동아 상사의 내 하동아
강곡등에 다듬소리 섬호정에 피리소리

흰 돛대 오가는 섬진강 그 달밤
내 고장 그 정서 잊을 길 없네
하동아 하동아 상사의 내 하동아
수륙천리 떠나온 길 상사천리 달려가고
앞 뜰에 뒷 마을에 꽃피고 새 우는
내 고향 그 소식을 들을 길 없네

♪ 가요
상사의 내 하동

경상남도

선구자

창원시 마산회원구 마산역 광장

창원시 마산합포구 마산조각공원

 윤해영 작시 조두남 작곡

일송정 푸른 솔은 늙어 늙어 갔어도
한 줄기 해란강은 천년 두고 흐른다
지난 날 강가에서 말 달리던 선구자
지금은 어느 곳에 거친 꿈이 깊었나

용두레 우물가에 밤새소리 들릴 때
뜻 깊은 용문교에 달빛 고이 비친다
이역 하늘 바라보며 활을 쏘던 선구자
지금은 어느 곳에 거친 꿈이 깊었나

용주사 저녁종이 비암산에 울릴 때
사나이 굳은 마음 길이 새겨 두었네
조국을 찾겠노라 맹세하던 선구자
지금은 어느 곳에 거친 꿈이 깊었나

경상남도

섬진강

하동군 악양면 평사리공원

이명화 작사   이충재 작곡   하동진 노래

그토록 사랑했던 섬진강물은 오늘도 변함없이 흘러가는데
옛 님은 어디가고 소식도 없고 님들의 가슴 속엔 잊혀지겠지
섬진강 물결위에 가을이 오면 구만리 기러기떼 울고 나는데
떠나가신 우리 님은 소식이 없어 오늘도 홀로서서 옛 님을 기다리네

별들은 어우러져 밤은 깊은데 섬호정에 달빛만이 처량하구나
이름도 아름다운 섬진강이라 순자강 처녀강이 섬진강이라
천만년 역사속에 흘러갔어도 그 이름 변함없는 섬진강이여
떠나가신 우리님은 소식이 없고 가슴속에 고향이여 아름다운 섬진강

가요
섬진강

경상남도

섬진강 탄곡

하동군 악양면 평사리공원

김태수 작사   김영숙 작곡   이승룡 노래

아 바람품은 돛 밑에 쓰러진 몸이
헤어가신 옛님의 추억을 품고
섬진강물 따라서 흘러가려마
아 이몸둘곳 어디냐 흘러가련다

아 울어볼까 웃어라 울어도 보자
기약없는 나그네 추억을 품고
섬진강물 따라서 흘러가련다
아 슬픔 속에 쓰러져 흘러가련다

아 조각배야 흘러라 사랑을 안고
헤어가신 옛님의 추억을 품고
섬진강물 따라서 흘러가련다
아 꿈길 속에 헤매며 흘러가련다

가요 ♪
섬진강 탄곡

경상남도

시오리 솔밭길

하동군 고전면 성평리 배드리공원

🎵 정두수 작사   김준규 작곡   진송남 노래

솔바람 소리에 잠이 깨이면
어머니 손을 잡고 따라나선 시오리 길
학교가는 솔밭길은 멀고 험하여도
투정없이 다니던 꿈 같은 세월이여
어린 나의 졸업식 날 홀어머니는
내 손목을 부여잡고 슬피 우셨소
산새들 소리에 날이 밝으면
어머니 손을 잡고 따라나선 시오리 길

♪ 가요
시오리 솔밭길

경상남도

애수의 소야곡

밀양시 내일동 박시춘 옛집

진주시 진양호공원 남인수 동상 옆

♪ 이부풍 작사 박시춘 작곡 남인수 노래

운다고 옛 사랑이 오리오만은
눈물로 달래보는 구슬픈 이 밤
고요히 창을 열고 별빛을 보면
그 누가 불어주나 휘파람 소리

차라리 잊으리라 맹세하건만
못생긴 미련인가 생각하는 밤
가슴에 손을 얹고 눈을 감으면
애타는 숨결마저 싸늘하구나

무엇이 사랑이고 청춘이던가
모두 다 흘러가면 덧없건마는
외로이 느끼면서 우는 이 밤은
바람도 문풍지에 애달프구나

가요 ♪
애수의 소야곡

경상남도

어머니

진주시 금산면 금오못둑(금아산방)

하오주 작시   하오주 작곡

가시밭 덩굴진 후미진 산길
오리목 숲 속에 이르면 멧새가 운다
어머니 무덤이 여기라고
반겨 우짖는 슬픔
해마다 무덤가에 오가는 계절
올 여름도 패랭이꽃 꽃 피워 놓고서
반기는 어머니

갈잎이 날으는 차디찬 산골
지난 밤 우짖던 사슴 뵈이지 않고
말 없이 서 있는 오리나무
빗돌인 양 섰다
해마다 무덤가에 오가는 계절
올 겨울도 하이얀 싸락눈 덮고서
반기는 어머니

♪ 가곡
어머니

경상남도

엄마야 누나야

거창군 거창읍 죽전근린공원

김소월 작사   안성현·김광수 작곡

엄마야 누나야 강변 살자
뜰에는 반짝이는 금모래 빛
뒷문 밖에는 갈잎의 노래
엄마야 누나야 강변 살자

엄마야 누나야 강변 살자
뜰에는 반짝이는 금모래 빛
뒷문 밖에는 갈잎의 노래
엄마야 누나야 강변 살자

동요
엄마야 누나야

경상남도

옛 동산에 올라

창원시 마산합포구 상남동 마산문학관

이은상 작시   홍난파 작곡

내 놀던 옛 동산에 오늘 와 다시 서니
산천의구란 말 옛 시인의 허사로고
예 섰던 그 큰 소나무 버혀지고 없구료

지팽이 더저 짚고 산기슭 돌아나니
어느 해 풍우엔지 사태져 무너지고
그 흙에 새 솔이 나서 키를 재려 하는구료

♪ 가곡
옛 동산에 올라

경상남도

전우야 잘자라

창원시 마산회원구 석전동 석전삼거리

김해시 호국무공수훈자전공비 옆

유 호 작사   박시춘 작곡   현 인 노래

1) 전우의 시체를 넘고 넘어 앞으로 앞으로
낙동강아 잘 있거라 우리는 전진한다
원한이야 피에 맺힌 적군을 무찌르고서
꽃잎처럼 떨어져 간 전우야 잘 자라

2) 우거진 수풀을 헤치면서 앞으로 앞으로
추풍령아 잘 있거라 우리는 돌진한다
달빛어린 고개에서 마지막 나누어 피던
화랑담배 연기 속에 사라진 전우야

3) 고개를 넘어서 물을 건너 앞으로 앞으로
한강수야 잘 있구나 우리는 돌아 왔다
들국화도 송이송이 피어나 반기어 주는
노들강변 언덕 위에 잠들은 전우야

4) 터지는 포탄을 무릅쓰고 앞으로 앞으로
우리들이 가는 곳에 삼팔선 무너진다
흙이 묻은 철갑모를 손으로 어루 만지니
떠 오른다 네 얼굴이 꽃같이 별같이

가요 ♪
전우야 잘자라

경상남도

찔레꽃 (장사익)

산청군 차황면 실매리 금포림체육공원

🎵 장사익 작사 장사익 작곡 장사익 노래

하얀 꽃 찔레꽃 순박한 꽃 찔레꽃
별처럼 슬픈 찔레꽃 달처럼 서러운 찔레꽃
찔레꽃 향기는 너무 슬퍼요
그래서 울었지 목놓아 울었지
찔레꽃 향기는 너무 슬퍼요
그래서 울었지 밤새워 울었지

아
찔레꽃처럼 울었지 찔레꽃처럼 노래했지
찔레꽃처럼 춤췄지 찔레꽃처럼 사랑했지
찔레꽃처럼 살았지 찔레꽃처럼 울었지
당신은 찔레꽃 찔레꽃처럼 울었지

🎵 가요
찔레꽃(장사익)

경상남도

처녀 뱃사공

함안군 대산면 악양루 입구

윤부길 작사 한복남 작곡 황정자 노래

낙동강 강바람이 치마폭에 스치면
군인간 오라버니 소식이 오네
큰애기 사공이면 누가 뭐라나
늙으신 부모님은 내가 모시고
에헤야 데헤야 노를 저어라 삿대를 저어라

낙동강 강바람에 앞가슴을 헤치면
고요한 처녀가슴 물결이 이네
오라비 제대하면 시집 보내마
어머님 그 말씀이 수줍어 질 때
에헤야 데헤야 노를 저어라 삿대를 저어라

가요
처녀 뱃사공

경상남도

하동포구 노래비

하동군 하동읍 섬진교 소공원

남대우 작사 한상기 작곡 남해성 노래

하동포구 팔십리에 물새가 울고
하동포구 팔십리에 달이 뜹니다
섬호정 댓돌우에 시를 쓰는 사람은
어느 고향 떠나온 풍류랑인고

하동포구 팔십리의 굽도리 배야
하동포구 팔십리에 봄을 실어라
백사장 모래우에 남어있는 글짜는
꽃바람에 쓸리는 충성충자요

하동포구 팔십리의 물결이 고아
하동포구 팔십리의 인정이 곱소
쌍계사 종소리를 들어보면 알게요
개나리도 정답게 피여줍니다.

♪ 가요
하동포구 노래비

경상남도

하동포구 아가씨

하동군 하동읍 하동포구공원

정두수 작사 박춘석 작곡 하춘화 노래

쌍돛대 님을 싣고 포구로 들고
섬진강 맑은물에 물새가 운다
쌍계사 쇠북소리 은은히 울 때
노을진 물결위엔 꽃잎이 진다
팔십리 포구야 하동포구야
내 님 데려다 주오

흐르는 저 구름을 머리에 이고
지리산 낙락장송 노을에 탄다
다도해 가는 길목 섬진강 물은
굽이쳐 흘러 흘러 어디로 가나
팔십리 포구야 하동포구야
내 님 데려다 주오

경상남도

항구의 연인

거제시 옥포동 오션플라자 앞

이건우 작사   정의송 작곡   김용임 노래

갈매기 날고 파도가 일고 동백꽃이 붉게 피었던
그 날 거제도 옥포항구에 이별에 우는 두 사람
못견디게 그리울텐데 사랑했던 사람인데
해금강 돌고 돌아 쉬어갈 때 쯤
그 때 날 꼭 한번만 추억해줘요
언제 우리 다시 만날 수 있나
옥포항구에 물새가 우네

갈매기 날고 파도가 일고 동백꽃 붉게 피었던
그 날 거제도 장승포항에 눈물에 젖은 두 사람
못견디게 그리울텐데 사랑했던 사람인데
영원을 맹세하던 그 바닷가 흑진주
그 몽돌을 잊지 말아요
언제 우리 다시 만날 수 있나
장승포항에 고동이 우네

♪ 가요
항구의 연인

경상남도

향수

거창군 거창읍 죽전근린공원

정지용 시 김희갑 작곡 이동원, 박인수 노래

넓은 벌 동쪽 끝으로
옛 이야기 지줄대는
실개천이 휘돌아 나가고
얼룩백이 황소가
해설피 금빛 게으른
울음을 우는 곳
그 곳이 차마 꿈엔들 잊힐리야

질화로에 재가 식어지면
비인 밭에 밤바람 소리 말을 달리고
엷은 졸음에 겨운 늙으신 아버지가
짚베개를 돋아 고이시는 곳
그 곳이 차마 꿈엔들 잊힐리야

흙에서 자란 내 마음
파아란 하늘 빛이 그리워
함부로 쏜 화살을 찾으려
풀섶 이슬에 함초롬 휘적시던 곳
그 곳이 차마 꿈엔들 잊힐리야

전설바다에 춤추는 밤물결 같은
검은 귀밑머리 날리는 어린 누이와
아무렇지도 않고 예쁠 것도 없는
사철 발벗은 아내가
따가운 햇살을 등에 지고
이삭 줍던 곳
그 곳이 차마 꿈엔들 잊힐리야

하늘에는 성근 별
알 수도 없는 모래성으로
발을 옮기고
서리 까마귀 우지 짖고 지나가는
초라한 지붕
흐릿한 불빛에 돌아 앉아
도란도란 거리는 곳
그 곳이 차마 꿈엔들 잊힐리야

가곡
향수

경상남도

화개장터

하동군 화개면 화개장터

♬ 조영남 작사   조영남 작곡   조영남 노래

전라도와 경상도를 가로지르는
섬진강 줄기 따라 화개장터엔
아랫말 하동 사람 윗말 구례 사람
닷새마다 어우러져 장을 펼치네
구경 한 번 와 보세요
보기엔 그냥 시골 장터지만
있어야 할 건 다 있구요

광양에선 삐걱삐걱 나룻배 타고
산청에선 부릉부릉 버스를 타고
사투리 잡담에다 입씨름 흥정이
오손도손 왁자지껄 장을 펼치네
구경 한 번 와 보세요
오시면 모두 모두 이웃 사촌
고운 정 미운 정 주고 받는

♪ 가요
화개장터

황포돛대

창원시 진해구 남양동 해안관광도로

이용일 작사   백영호 작곡   이미자 노래

마지막 석양 빛을 깃폭에 걸고
흘러가는 저 배는 어디로 가느냐
해풍아 비바람아 불지를 마라
파도소리 구슬프면 이 마음도 구슬퍼
아~ 어디로 가는 배냐
어디로 가는 배냐 황포돛대야

순풍에 돛을 달고 황혼 바람에
떠나가는 저 사공 고향이 어디냐
사공아 말해다오 떠나는 뱃길
갈매기야 울지마라 이 마음이 서럽다
아~ 어디로 가는 배냐
어디로 가는 배냐 황포돛대야

경상남도

거제의 노래

거제시 남부면 해금강주차장

거제의 노래

거제시 신협읍 국도14번 해안도로

거제의 노래

거제시 고현동 거제공설운동장

고성농요비

고성군 상리면 고성농요전수교육관 앞

고성의 노래

고성군 고성읍 고성남산공원

나의 사랑 대포마을

산청군 삼장면 대포마을

♪ 기타

경상남도

노리랑가

진주시 명석면 용호정원

마산의 노래

마산시 마산합포구 산호공원

밀양아리랑

밀양시 내일동 밀양읍성 입구

밀양아리랑

밀양시 가곡동 밀양역 광장

밀양아리랑

밀양시 가곡동 밀양역 광장

바다로 가자

창원시 진해구 해군사관학교

기타 ♪
한국의노래비

경상남도

성악가 고 강영중 선생 추모비

창원시 의창구 국립창원대학교

송원 동민의 노래

밀양시 삼랑진읍 송원동

옥씨 종족의 노래

의령군 대의면 신전리

창녕 황토가비

창녕군 창녕읍 화왕산군립공원

최후의 결전(독립군가)

밀양시 내이동 밀양항일운동 테마거리

토곡산

양산시 원동면 원리 토곡산

♪ 기타

경상남도

학교 4H 노래

진주시 초전동 경남농업기술원

향토가 노래비

사천군 곤명면 금성마을

현충일 노래

거창군 거창읍 죽전근린공원

화촌의 노래

고성군 구만면 도산서원마을

남인수 기념비

산청군 단성면 방목리

시민의 노래

사천시 사천시청앞

경상남도

4H노래

진주시 초전동 경남농업기술원 내

일운초등학교

경상남도 거제시 일운면 지세포리

경상남도

가을 동요

백남석 작사   현제명 작곡

거제의 노래 애향가

김기호 작사   금수현 작곡

겨울 나무 동요

이원수 작사   정세문 작곡

고기잡이 동요

윤극영 작사   윤극영 작곡

고드름 동요

유지영 작사   윤극영 작곡

고향의 봄 동요

이원수 작사   홍난파 작곡

경상남도

과수원 길 동요

박화목 작사   김공선 작곡

꼬마 눈사람 동요

강소천 작사   한용희 작곡

꽃밭에서 동요

권길상 작사   권길상 작곡

나비야 동요

작사자 미상   독일민요

노을 동요

이동진 작사   안호철 작곡

따오기 동요

한정동 작사   윤극영 작곡

♪ 일운초등학교

경상남도

반달 동요

윤극영 작사   윤극영 작곡

방울새 동요

김영일 작사   김성태 작곡

봄나들이 동요

윤석중 작사   권태호 작곡

봄바람 동요

윤석중 작사   모차르트 작곡

산바람 강바람 동요

윤석중 작사   박태현 작곡

섬집아기 동요

한인현 작사   이흥렬 작곡

일운초등학교
한국의노래비

경상남도

소나무 동요

작사자 미상   독일 민요

송아지 동요

박목월 작사   손대업 작곡

어린이 왈츠 동요

원치호 작사   권길상 작곡

어린이 행진곡 동요

길묘순 작사   정세문 작곡

엄마야 누나야 동요

김소월 작사   김광수 작곡

여름 냇가 동요

이태선 작사   박재훈 작곡

♪ 일운초등학교

경상남도

오빠 생각 동요

최순애 작사 박태준 작곡

옹달샘 동요

윤석중 작사 외국 곡

우산 동요

윤석중 작사 이계석 작곡

자전거 동요

목일신 작사 김대현 작곡

학교종 동요

김메리 작사 김메리 작곡

일운초등학교

제17장

제주특별자치도

감수광(가요) / 내고향 서귀포(가요) / 떠나가는 배(가곡) / 삼다도 소식(가요) /
서귀포 바닷가(가요) / 서귀포 칠십리(가요) / 서귀포를 아시나요(가요) /
찔레꽃(백난아)(가요) / 새마을 노래(그외) / 육군제1훈련소가(군가) /
출가해녀의 노래(민속음악) / 해녀 노래(민속음악) / 해녀의 노래(민속음악) /
해녀의 뱃노래(민속음악)

제주특별자치도

감수광

제주시 일도1동 탐라문화광장

♪ 길옥윤 작사 길옥윤 작곡 혜은이 노래

바람부는 제주에는 돌도 많지만   어쩌다가 나를 두고 떠난다 해도
인정많고 마음씨 고운 아가씨도 많지요   못잊어 그리우면 혼저 돌아옵서예

겨울 오는 한라산에 눈이 덮여도   후렴) 감수광 감수광 난 어떵ᄒ 렌 감수광
당신하고 나 사이에는 봄이 한창이라오   설룬 사름 보냄시메 가거들랑 혼저 옵서예

♪ 가요
감수광

제주특별자치도

내 고향 서귀포

서귀포시 서홍동 서귀포칠십리시(詩)공원

♪ 오민우 작사 오민우 작곡 김서울 노래

바다 내음 싱그러운 서귀포 내 고향
오시는 길이 멀다해도 재기 재기 재기 돌아옵서예
한라산아 천지연폭포 서귀포 칠십리
감귤 따는 아낙네의 콧노래가
흥겨워라 서귀포 내 고향

유채꽃이 향기로운 서귀포 내 고향
서울로 가신 우리 님아 재기 재기 재기 돌아옵서예

와돌개바위 범섬아 서귀포 칠십리
일출봉아 월출봉아 해가 뜨고 달이 뜨는 서귀포 내 고향

물새소리 뱃고동소리 서귀포 내 고향
연락선아 님을 싣고 재기 재기 재기 돌아옵서예
철석 철석 파도치는 서귀포 칠십리
제주도라 삼다도라 서울 가신 님이 왔네 서귀포 내 고향

가요 ♪
내 고향 서귀포

제주특별자치도

떠나가는 배

제주시 상도1동 탑동근린공원   제주시 건입동 제주항여객터미널

양중해 작시 변 훈 작곡

1) 저 푸른 물결 외치는
거센 바다로 떠나는 배
내 영원히 잊지 못할
님 실은 저 배는 야속하리
날 바닷가에 홀 남겨두고
기어이 가고야 마느냐

2) 터져 나오라 애슬픔
물결 위로 한된 바다
아담한 꿈이 푸른 물에
애끊이 사라져 나 홀로
외로운 등대와 더불어
수심 뜬 바다를 지키련다

3) 저 수평선을 향하여 떠나가는 배 오! 설운 이별
님 보내는 바닷가를 넋 없이 거닐면 미친듯이
울부짖는 고동소리 님이여 가고야 마느냐

가곡
446 떠나가는 배

제주특별자치도

삼다도 소식

서귀포시 대정읍 산이물공원

유 호 작사　박시춘 작곡　황금심 노래

삼다도라 제주에는 돌멩이도 많은데
발뿌리에 걷어채는 사랑은 없다더냐
달빛이 새어드는 연자방앗간
밤 새워 들려오는 콧노래가 구성진다
음~ 음~ 콧노래 구성진다

삼다도라 제주에는 아가씨도 많은데
바닷물에 씻은 살결 옥같이 귀엽구나
미역을 따오리까 소라를 딸까
비바리 하소연이 물결 속에 꺼져가네
음~ 음~ 물결에 꺼져가네

제주특별자치도

서귀포를 아시나요

서귀포시 서홍동 서귀포칠십리시공원

정태권 작사   유성민 작곡   조미미 노래

밀감향기 풍겨오는 가고 싶은 내 고향
칠백리 바다건너 서귀포를 아시나요
동백꽃 송이처럼 어여쁜 비바리들
콧노래도 흥겨웁게 미역따고 밀감을 따는
그리운 내 고향 서귀포를 아시나요

수평선에 돛단배가 그림같은 내 고향
칠백리 바다건너 서귀포를 아시나요
한라산 망아지들 한가로히 풀을 뜯고
줄기줄기 폭포마다 무지개가 아름다운
그리운 내 고향 서귀포를 아시나요

♪ 가요
서귀포를 아시나요

제주특별자치도

서귀포 바닷가

서귀포시 서홍동 서귀포칠십리시공원

정두수 작사   박춘석 작곡   이미자 노래

파도가 밀려오는 서귀포라 칠십리
소라 따던 비바리는 어디로 가고
해 저문 바다 위엔 물새가 운다
돛단배 달빛 싣고 바람 따라 구름 따라
어디로 가나 구성지게 들려 오는
뱃노래 물결에 꺼져가네

그리운 남쪽 바다 서귀포라 칠십리
해당화는 피고 지고 몇 해나 갔나
아득한 수평선엔 노을이 곱다
돛단배 달빛 싣고 바람 따라 구름 따라
어디로 가나 구성지게 들려 오는
뱃노래 물결에 꺼져가네

가요 ♪
서귀포 바닷가

서귀포 칠십리

서귀포시 서귀동 이중섭미술관 앞

서귀포시 서흥동 외돌개 휴게소

서귀포시 서홍동 외돌개 부근

조명암 작사   박시춘 작곡   남인수 노래

바닷물이 철석철석 파도치는 서귀포
진주캐던 아가씨는 어디로 갔나
휘바람도 그리워라 뱃노래도 그리워
서귀포 칠십리에 황혼이 온다

금비늘이 반작반작 물에 뜨는 서귀포
미역따던 아가씨는 어디로 갔나

금조개도 그리워라 물파래도 그리워
서귀포 칠십리에 별도 외롭네

진주알이 아롱아롱 꿈을 꾸는 서귀포
전복따던 아가씨는 어디로 갔나
물새들도 그리워라 자개돌도 그리워
서귀포 칠십리에 물안개 곱네

♪ 가요
서귀포 칠십리

제주특별자치도

찔레꽃 (백난아)

제주시 한림읍 명월리 백난아찔레꽃노래비공원

♪ 김영일 작사 김교성 작곡   백난아 노래

1) 찔레꽃 붉게 피는 남쪽 나라 내 고향
언덕 위에 초가삼간 그립습니다
자주고름 입에 물고 눈물 젖어
이별가를 불러주던 못 잊을 동무야

2) 달 뜨는 저녁이면 노래하던 세 동무
천 리 객창 북두성이 서럽습니다

삼 년 전에 모여 앉아 백인 사진을
하염없이 바라보니 즐거운 시절아

3) 연분홍 봄바람이 돌아드는 북간도
아름다운 찔레꽃이 피었습니다
꾀꼬리는 중천에 떠 슬피 울고
호랑나비 춤을 춘다 그리운 내 고향아

가요 ♪
찔레꽃 (백난아)

제주특별자치도

새마을노래

제주시 연동 영천내 새마을 소공원

육군제1훈련소가

서귀포시 대정읍 평화의 터

출가해녀의 노래

서귀포시 안덕면 대평리

해녀노래

제주시 구좌읍 제주해녀박물관

해녀의 노래

제주시 우도면 천진항

해녀의 뱃노래

서귀포시 대정읍 운진항 소공원

♪ 기타
한국의노래비

색인

2·28찬가	기타	대구광역시 중구 공평동 2.28기념중앙공원	88
4H 노래	애향가	경남 진주시 초전동 경남농업기술원 내	436
HLKU의 노래(부산MBC사가)	애향가	부산광역시 수영구 민락동 부산MBC	74
가거도 멸치잡이 노래	민속음악	전남 신안군 흑산면 가거도리 대리마을	348
가고파(가곡)	가곡	경남 창원시 마산합포구 산호동 산호공원	400
가고파(가곡)	가곡	경남 창원시 마산합포구 월영동 돝섬해상유원지	400
가고파(가곡)	가곡	경남 창원시 마산합포구 월포동 마산여객선터미널	400
가고파(가곡)	가곡	경남 창원시 마산합포구 자산동 통일공원	400
가고파(가곡)	가곡	경남창원시마산회원구봉암동마산창신고등학교체육관앞	400
가고파(가곡)	가곡	경남 창원시 마산회원구 석전동 무공수훈자 기념비 자리	400
가고파(가곡)	가곡	경남 창원시 마산회원구 합성동 마산역앞	400
가고파(가곡)	가곡	충남 보령시 성주면 개화리 개화예술공원	248
가수 김정호 기념비	기념비	전남 담양군 담양읍 호남기후변화체험관 앞 잔디광장	348
가슴아프게	가요	충남 보령시 성주면 개화리 개화예술공원	249
가을(동요)	기타	경남 거제시 일운면 거제일운초등학교 교정	437
감수광	가요	제주특별자치도 제주시 일도1동 탐라문화광장	444
감자꽃(동요)	동요	충북 충주시 칠금동 탄금대공원	228
감전 애향가비	애향가	부산광역시 사상구 감전1동사무소 옆(노인정 옆)	74
갑돌이와 갑순이	가요	충남 논산시 연무읍 육군훈련소 입소대대 앞	250
강 건너 봄이 오듯(가곡)	가곡	충남 보령시 성주면 개화리 개화예술공원	251
강강술래 기념비	민속음악	전남 해남군 문내면 학동리 우수영 강강술래전수관앞	348
강릉아가씨	기타	강원도 강릉시 전투비행단	218
강촌에 살고 싶네	가요	강원도 춘천시 남산면 강촌리 강촌역	188
거문도 등대가	가요	전남 여수시 삼산면 거문도	324
거제의 노래	애향가	경남 거제시 고현동 거제종합운동장 앞	432
거제의 노래	애향가	경남 거제시 고현동 세모여객선터미널 맞은편 해안도로변	432
거제의 노래	애향가	경남 거제시 남부면 갈곶리 해금강주차장 입구	432
거제의 노래	애향가	경남 거제시 일운면 거제일운초등학교 교정	437
겨울 나무(동요)	기타	경남 거제시 일운면 거제일운초등학교 교정	437
겨울 나무(동요)	동요	경기도 성남시 분당구 중앙공원	134
겨울 나무(동요)	동요	경북 칠곡군 석적면 반계리 세아조각수목원	356
경상도 아가씨	가요	부산광역시 중구 중앙동 사십계단	54
계촌의 노래	애향가	강원도 평창군 방림면 계촌출장소	218
고기잡이(동요)	기타	경남 거제시 일운면 거제일운초등학교 교정	437

456 한국의 노래비

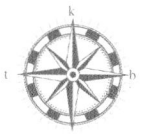

고드름(동요)	기타	경남 거제시 일운면 거제일운초등학교 교정	437
고성농요비	민속음악	경남 고성군 상리면 고성농요전수교육관 앞	432
고성의 노래	애향가	경남 고성읍 고성읍 고성남산공원 입구	432
고수 김명환 기념비	기념비	전남 곡성읍 곡성읍 군민회관 뜰	348
고향(가곡)	가곡	경기도 부천시 소사구 소사본동 주민센터앞	135
고향(가곡)	가곡	경기도 부천시 원미구 중동 중앙공원	135
고향(가곡)	가곡	경기도 양평군 양동면 씨아트 뮤지움	135
고향(가곡)	가곡	세종특별자치시 전동면 청송리 뒤웅박고을	124
고향(가곡)	가곡	전남 보성군 벌교읍 벌교리 채동선음악당	325
고향(가곡)	가곡	전북 고창군 해리면 왕촌리 왕거마을입구	302
고향(가곡)	가곡	충남 홍성군 결성면 성곡리 한용운민족시비공원	252
고향(가곡)	가곡	충북 옥천군 옥천 문화의 거리	229
고향(가곡)	가곡	충북 옥천군 옥천역광장	229
고향(가곡)	가곡	충북 옥천군 옥천읍 상계리 지용문학공원	229
고향샘터(가곡)	가곡	전북 임실군 임실군 오수면 둔덕리	303
고향에 찾아와도	가요	전북 임실군 관촌면 사선대공원	304
고향의 노래(가곡)	가곡	충남 보령시 성주면 개화리 개화예술공원	253
고향의 봄(동요)	기타	경남 거제시 일운면 거제일운초등학교 교정	437
고향의 봄(동요)	동요	경기도 수원시 팔달구 수원시청앞 광장	136
고향의 봄(동요)	동요	경기도 수원시 팔달구 수원역광장	136
고향의 봄(동요)	동요	경기도 수원시 팔달구 팔달산 공원	136
고향의 봄(동요)	동요	경기도 화성시 남양읍 남양읍사무소앞	136
고향의 봄(동요)	동요	경남 거제시 동부면 오송리 문화관광농원	401
고향의 봄(동요)	동요	경남 양산시 교동 춘추공원	401
고향의 봄(동요)	동요	경남 양산시 북부동 문화의거리	401
고향의 봄(동요)	동요	경남 양산시 북정동 북정근린공원	401
고향의 봄(동요)	동요	경남 창원시 마산합포구 산호동 산호공원	401
고향의 봄(동요)	동요	경남 창원시 의창구 용호동 용지공원	401
고향의 봄(동요)	동요	경남 합천군 봉산면 상현리, 거창군과 경계지점	401
고향의 봄(동요)	동요	경북 영덕군 달산면 옥계리 옥계솟대공원	357
고향의 봄(동요)	동요	경북 칠곡군 석적면 반계리 세아조각수목원	357
고향의 봄(동요)	동요	서울특별시 광진구 능동 어린이회관	24
고향의 봄(동요)	동요	서울특별시 종로구 송월동 월암근린공원(홍난파기념관)	24
고향의 봄(동요)	동요	인천광역시 남동구 장수동 인천대공원	92

색인 457

색인

고향의 봄(동요)	동요	인천광역시 부평구 부평동 부평공원	92
고향의 봄(동요)	동요	충남 보령시 성주면 개화리 개화예술공원	254
고향의 봄(동요)	동요	충남 청양군 정산면 천장호 입구 광장	254
고향초	가요	강원도 고성군 거진읍 건봉사 경내	189
공갈못노래비(연꽃따는 노래)	민속음악	경북 상주시 공검면 공검지 저수지	390
과거를 묻지마세요	가요	서울특별시 광진구 구의동 천호대로변	25
과수원 길(동요)	기타	경남 거제시 일운면 거제일운초등학교 교정	438
과수원 길(동요)	동요	강원도 춘천시 석사동 춘천교육대학 교정	190
과수원 길(동요)	동요	경기도 안산시 상록구 사동 안산호수공원 시테마공원	137
과수원 길(동요)	동요	대구광역시 동구 도동 도동시비동산	80
과수원 길(동요)	동요	부산광역시 북구 금곡동 한솔아파트 단지내	55
과수원 길(동요)	동요	서울특별시 서대문구 홍제동 홍제근린공원	26
광주 동구민의 노래	애향가	광주광역시 동구 선교동 너릿재공원	105
광주시민의 노래	애향가	광주광역시 동구 선교동 너릿재공원	105
광화문연가	가요	서울특별시 중구 정동 정동제일교회 건너편	27
괜찮아(판각)	기타	강원도 원주시 무실동 박건호공원	221
구름 같은 인생(판각)	기타	강원도 원주시 무실동 박건호공원	221
구슬비(동요)	동요	충북 충주시 동량면 조동리 충주댐 우안공원휴게소	230
국창 송만갑 선생 추모비	기념비	전남 구례군 구례읍 동편제소리전수관	348
국창 임방울 선생 기념비	기념비	광주광역시 광산구 소촌로 송정공원	105
국통산 노래비	애향가	경북 군위군 우보면 국통산 정상	390
굳세어라 금순아	가요	부산광역시 서구 암남동 부산 송도해수욕장 현인광장	56
굳세어라 금순아	가요	부산광역시 영도구 대교동1가 영도대교	56
그산에꽃이피어도(현숙효열비)	가요	전북 김제시 부량면 신용리 아리랑문학관 옆	305
그네(가곡)	가곡	부산광역시 강서구 녹산배수펌프장	57
그네(가곡)	가곡	부산광역시 강서구 대저1동 낙동강제방	57
그대 모습은 장미(판각)	기타	강원도 원주시 무실동 박건호공원	221
그리운 금강산(가곡)	가곡	인천광역시 강화군 양도면 건평리 건평공원	93
그리운 금강산(가곡)	가곡	인천광역시 강화군 양사면 철산리 강화평화전망대	93
그리운 금강산(가곡)	가곡	인천광역시 강화군 화도면 사기리 최영섭선생 생가터	93
그리운 금강산(가곡)	가곡	인천광역시 남동구 구월동 인천종합문화예술회관 뜰	93
그리운 금강산(가곡)	가곡	충남 보령시 성주면 개화리 개화예술공원	255
그리운 사람끼리	가요	세종특별자치시 전동면 청송리 뒤웅박고을	125
그리운 언덕(동요)	동요	강원도 춘천시 석사동 춘천교육대학 교정	191

금과 들소리(순창농요)	민속음악	전북 순창군 금과면 매우리 금과들소리전수관	318
금산아가씨	가요	충남 금산군 금산읍 중도리 인삼약초거리	256
기다리게 해놓고(판각)	기타	강원도 원주시 무실동 박건호공원	221
기다리는 마음(가곡)	가곡	부산광역시 서구 암남동 암남공원 입구	58
기러기 아빠	가요	충남 보령시 성주면 개화리 개화예술공원	257
김광석 기념비	기념비	대구광역시 중구 대봉동 방천시장 입구 김광석 거리	88
김광석 노래비	기념비	강원도 춘천시 남산면 남이섬	218
김광석 노래비	기념비	서울특별시 종로구 동숭동 학전블루소극장 앞	50
꼬마눈사람(동요)	기타	경남 거제시 일운면 거제일운초등학교 교정	438
꽃밭에서	가요	충남 천안시 동남구 광덕면 천안공원묘원 이봉조 선생 묘소	258
꽃밭에서(동요)	기타	경남 거제시 일운면 거제일운초등학교 교정	438
꽃밭에서(동요)	동요	강원도 춘천시 석사동 춘천교육대학 교정	192
꽃을 든 남자	가요	경북 예천군 예천읍 한천체육공원	358
꽃중의 꽃	가요	대구광역시 달서구 대구수목원 산림문화전시관앞	81
끝이 없는 길(판각)	기타	강원도 원주시 무실동 박건호공원	221
나 하나의 사랑	가요	강원도 춘천시 남산면 남이섬 노래박물관 앞	193
나 하나의 사랑(판각)	기타	전남 장흥군 장흥읍 우산리 정남진편백숲우드랜드	353
나그네설움	가요	경북 김천시 대항면 직지문화공원	359
나그네설움	가요	경북 성주군 성주읍 경상리 성밖숲 도로변	359
나그네설움	가요	경북 성주군 성주읍 성주고등학교	359
나무의 노래(동요)	동요	경기도 시흥시 시흥시 정왕2동 배움의 숲	138
나뭇잎 배(동요)	동요	경북 칠곡군 석적면 반계리 세아조각수목원	360
나뭇잎 배(동요)	동요	부산광역시 북구 금곡동 한솔아파트 단지내	59
나비야(동요)	기타	경남 거제시 일운면 거제일운초등학교 교정	438
나의 사랑 대포마을	애향가	경남 산청군 삼장면 대포마을	432
나의 어머님(현숙효열비)	가요	전북 김제시 부량면 신용리 아리랑문학관 옆	306
나의 조국(가곡)	가곡	경기도 파주시 문산읍 임진각 국민관광지	139
나팔꽃 인생	가요	대구광역시 달성군 옥포면 기세리 옥연지송해공원	82
나팔불어요(동요)	동요	대구광역시 동구 도동 도동시비동산	83
남강의 추억	가요	경남 진주시 판문동 진양호 공원	402
남원 땅에 잠들었네	가요	경남 창원시 마산회원구 구암동 국립3·15민주묘지 입구	403
남원의 애수	가요	전북 남원시 어현동 남원 춘향테마파크	307
남인수 기념비	기념비	경남 산청군 단성면 방목리	435
남한강 소식	가요	경기도 여주시 상동 영월루근린공원	140

색인 459

색인

내 곁에 있어주(판각)	기타	강원도 원주시 무실동 박건호공원	221
내 고향 마산항	가요	경남 창원시 마산합포구 월포동 마산여객선터미널	404
내 고향 망덕포구	애향가	전남 광양시 진월면 망덕리 마을 모퉁이	348
내고향 삽교를 아시나요(삽다리)	가요	충남 예산군 삽교중고등학교 정문앞	259
내 고향 서귀포	가요	제주특별자치도 서귀포시 서홍동 서귀포칠리 시공원	445
내 고향 신월리(가곡)	가곡	경남 고성군 고성읍 늘봄예술촌	405
내 고향 신월리(가곡)	가곡	경남 고성군 고성읍 신월리	405
내 고향 정남진(판각)	애향가	전남 장흥군 장흥읍 우산리 정남진편백숲우드랜드	353
내 고향 진도	가요	전남 진도군 진도군 의신면 초사리 송군마을	326
내 고향 하의도	애향가	전남 신안군 하의3도 오림리	349
내 고향은 가덕도	가요	부산광역시 강서구 가덕도 대항전망대	60
내 고향은 가덕도	가요	부산광역시 강서구 가덕도 영주암 앞	60
내 마음 그 깊은 곳에(가곡)	가곡	충남 보령시 성주면 개화리 개화예술공원	260
내 마음(가곡)	가곡	강원도 강릉시 사천면 강릉시농업기술센터 입구	194
내 사랑 군위	가요	경북 군위군 군위읍 체육공원	361
노들강변	가요	경북 김천시 황금동 남산공원	362
노래(죽창가)	기타	전남 해남군 삼산면 봉학리 김남주 생가	349
노리랑가	민속음악	경남 진주시 명석면 용산리 용호정원	433
노오란 셔쓰의 사나이	가요	전남 장흥군 장흥읍 우산리 정남진편백숲우드랜드	327
노을(동요)	기타	경남 거제시 일운면 거제일운초등학교 교정	438
노을(동요)	동요	부산광역시 북구 금곡동 한솔아파트 단지내	61
농암가	민속음악	경북 안동시 도산면 가송리 농암종택 입구	390
농암가비	민속음악	경북 안동시 도산면 가송리 가송마을 입구	390
누가 누가 잠자나(동요)	동요	경북 칠곡군 석적면 반계리 세아조각수목원	363
누가 누가 잠자나(동요)	동요	전남 고흥군 고흥읍 고흥문화회관 입구	328
누가 누가 잠자나(동요)	동요	전남 고흥군 고흥읍 호형리 고흥동초등학교	328
눈물의 연평도	가요	인천광역시 옹진군 연평면 연평도 당섬선착장	94
눈물의 연평도	가요	인천광역시 옹진군 연평면 연평도 등대공원 입구	94
눈물 젖은 두만강	가요	경남 거제시 거제면 서정리 거제농업개발원	406
능금꽃 피는 고향	가요	대구광역시 동구 지저동 금호강 둔치	84
님 계신 전선	가요	서울특별시 은평구 녹번동 평화공원	28
님 계신 전선	가요	인천광역시 강화군 선원면 지산리 선원사 부근	95
님(창살 없는 감옥)	가요	울산광역시 울주군 온양읍 상대리 대운산 입구 주차장	112
님의 노래(가곡)	가곡	충남 보령시 성주면 개화리 개화예술공원	261

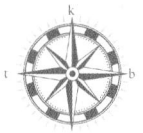

님의 향기	가요	경기도 이천시 장호원읍 진양리 도월마을	141
님이 오시는지(가곡)	가곡	충남 보령시 성주면 개화리 개화예술공원	262
다람쥐(동요)	동요	경기도 과천시 막계동 서울대공원	142
단발머리(판각)	기타	강원도 원주시 무실동 박건호공원	222
단장의 미아리고개	가요	서울특별시 성북구 돈암동 미아리예술극장(아리랑아트홀)앞	29
달 따러 가자(동요)	동요	전남 장성군 북하면 장성문화예술공원	329
대관령(가곡)	가곡	강원도 강릉시 성산면 대관령 옛길 2구간	195
대구시민의 노래	애향가	대구광역시 중구 달성공원	88
대전부르스(대전사랑추억의노래비)	가요	대전광역시 동구 정동 대전역 서편 광장	108
덕내골 풍물타령	민속음악	부산광역시 북구 덕천동 덕내골 숙등공원	74
도월마을	애향가	경기도 이천시 장호원읍 진양리 도월마을	182
도천수대비가	민속음악	경북 군위군 고로면 일연공원	390
독도는 우리 땅(축소판)	가요	경기도 고양시 일산서구 월드메르디앙빌딩 2층 독도홍보관	143
독도는 우리땅	가요	경북 울릉군 남면 도동항 해변공원	364
돌아가는 삼각지	가요	경기도 양주시 장흥면 신세계공원묘원 배호 묘소	144
돌아가는 삼각지	가요	서울특별시 용산구 한강로1가 지하철 삼각지역 소공원	30
돌아와요 부산항에	가요	부산광역시 해운대구 우동 송림공원	62
동두천 시의 노래	애향가	경기도 동두천시 중앙로 도심공원	182
동리가비	민속음악	전북 고창군 고창읍 읍내리 신재효 고택 내	318
동무 생각(가곡)	가곡	강원도 춘천시 남산면 남이섬 노래박물관 앞	196
동무 생각(가곡)	가곡	대구광역시 중구 동산동 동산의료원 의료박물관 옆	85
동백아가씨	가요	부산광역시 해운대구 우동 동부올림픽타운 뒤편 대로변	63
동숙의 노래	가요	경기도 가평군 청평면 '문주란 뮤즈클럽' 앞	145
두견새 우는 청령포	가요	강원도 영월군 영월읍 방절리 청령포 주차장	197
두메산골	가요	경기도 양주시 장흥면 신세계공원묘원 배호 묘소	146
두메산골	가요	충남 보령시 성주면 개화리 개화예술공원	263
둔덕교회의 노래	애향가	전북 임실군 임실군 오수면 둔터리	318
둘이 하나 되어	가요	경기도 양평군 양평읍 오빈리 물안개공원	147
등대지기(동요)	동요	경북 경주시 감포읍 전촌항 방파제	365
따오기(동요)	기타	경남 거제시 일운면 거제일운초등학교 교정	438
따오기(동요)	동요	경기도 시흥시 산현동 한정동 선생 묘소	148
따오기(동요)	동요	경기도 시흥시 조남동 목감문화공원	148
따오기(동요)	동요	경기도 안산시 상록구 사동 안산호수공원 시테마공원	148
따오기(동요)	동요	세종특별자치시 전동면 청송리 뒤웅박고을	126

색인 461

색인

떠나가는 배(가곡)	가곡	제주특별자치도 제주시 건입동 제주항연안여객터미널	446
떠나가는 배(가곡)	가곡	제주특별자치도 제주시 탑동 탑동공원	446
로뎀의 종소리	애향가	충북 제천시 송학면 오미로 로뎀청소년학교	244
마산의 노래	애향가	경남 창원시 마산합포구 산호동 산호공원	433
마음의 자유천지	가요	경북 경산시 계양동 남매공원	366
마의태자	가요	강원도 인제군 상남면과 홍천군 서석면 사이 행치령 고개마루	198
마이산아 반겨다오	가요	전북 진안군 마령면 마이산 탑사	308
마지막 잎새	가요	경북 경주시 현곡면 남사리 남사저수지 옆	367
마포종점	가요	서울특별시 마포구 도화동 복사꽃어린이공원	31
만날고개(가곡)	가곡	경남 창원시 마산합포구 월영동 만날근린공원	407
만리포 사랑	가요	충남 태안군 소원면 모항리 만리포해수욕장	264
망부석 여인	가요	울산광역시 울주군 두동면 박제상유적지	113
매미(동요)	동요	경기도 시흥시 시흥시 정왕2동 배움의 숲	149
맴맴(동요)	동요	충북 음성군 생극면 생리2구 마을입구	231
맴맴(동요)	동요	충북 음성군 생극면 생리2구 음성동요학교 입구	231
멋진 사나이(군가)	군가	서울특별시 강북구 번동 오패산 오동근린공원	50
메아리(동요)	동요	경기도 시흥시 시흥시 정왕2동 배움의 숲	150
명사십리	기타	충남 논산시 양촌면 너훈아(김갑순) 묘소	296
명성황후	가요	충북 충주시 노은면 가신리 명성황후피란유허지 입구	232
명창 박녹주 음악비	기념비	경북 구미시 선산읍 노산리 마을회관	390
명창 박봉래 선생 추모비	기념비	전남 구례군 구례읍 동편제소리전수관	349
명창 박봉술 선생 추모비	기념비	전남 구례군 구례읍 동편제소리전수관	349
명창 유성준 선생 추모비	기념비	전남 구례군 구례읍 동편제소리전수관	349
명창 이은관 노래비	기념비	충남 보령시 성주면 개화리 개화예술공원	296
명창 최선달 기념비	기념비	충남 홍성군 결성면 결성농요농사박물관	296
모닥불	가요	강원도 원주시 무실동 박건호공원	199
모닥불	가요	세종특별자치시 전동면 청송리 뒤웅박고을	127
모닥불	가요	충남 보령시 성주면 개화리 개화예술공원	265
모래성	가요	충남 보령시 성주면 개화리 개화예술공원	266
모전리찬가	애향가	충남 천안시 서북구 성거읍 모전리 마을입구	296
모죽지랑가	민속음악	경북 군위군 고로면 일연공원	391
모죽지랑가	민속음악	경북 영주시 풍기읍 죽령 국도변	391
목마와 사랑(판각)	기타	강원도 원주시 무실동 박건호공원	222
목포는 항구다	가요	전남 목포시 산정동 이난영공원	330

462 한국의 노래비

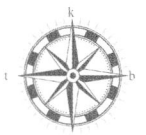

목포의 눈물	가요	전남 목포시 산정동 이난영공원	331
목포의 눈물	가요	전남 목포시 죽교동 유달산공원 산중턱	331
무궁화(동요)	동요	경기도 성남시 분당구 한국학중앙연구원	151
무너진사랑탑	가요	경북 김천시 대항면 직지문화공원	368
무정 부르스(판각)	기타	강원도 원주시 무실동 박건호공원	222
문경새재 아리랑	민속음악	경북 문경시 문경읍 문경새재	391
문경새재 아리랑	민속음악	경북 문경시 문경읍 문경새재 아리랑공원	391
문경새재 아리랑	민속음악	경북 문경시 문경읍 옛길박물관 야외전시장	391
물 같은 사랑(판각)	기타	강원도 원주시 무실동 박건호공원	222
물길백리 꽃길백리	가요	충남 청양군 정산면 천장호 출렁다리입구	267
물레방아 도는데	가요	경남 하동군 고전면 성평리 주교천변 배드리공원	408
물레방아 도는데	가요	충남 보령시 성주면 개화리 개화예술공원	268
민들레 홀씨처럼(가곡)	가곡	경기도 가평군 북면 제령리 사람의 마을(강계산방)	152
밀양아리랑	민속음악	경남 밀양시 가곡동 밀양역 광장	433
밀양아리랑	민속음악	경남 밀양시 가곡동 밀양역 광장	433
밀양아리랑	민속음악	경남 밀양시 내일동 밀양읍성 입구	433
밀양아리랑	민속음악	경북 문경시 문경새재 아리랑공원	391
바다가 육지라면	가요	경북 경주시 감포읍 나정해수욕장	369
바다로 가자(해군가)	군가	경남 창원시 해군사관학교	433
바닷가에서(동요)	동요	경기도 과천시 별양동 중앙공원	153
바르게살자 노래비	기타	충남 보령시 미산면 평나삼거리 바르게살기동산	296
바야야(판각)	기타	강원도 원주시 무실동 박건호공원	222
바위고개(가곡)	가곡	서울특별시 강북구 우의동 솔밭공원	32
박춘석 작곡가비	기념비	충남 보령시 성주면 개화리 개화예술공원	296
박태준 박사 찬송비	기념비	서울특별시 중구 남대문로 남대문교회	50
반달(동요)	기타	경남 거제시 일운면 거제일운초등학교 교정	439
반달(동요)	동요	경기도 양평군 강상면 송학리 윤극영선생 묘소	154
반달(동요)	동요	서울특별시 강북구 우의동 솔밭공원	33
반달(동요)	동요	서울특별시 광진구 능동 어린이대공원	33
반달(동요)	동요	서울특별시 종로구 경운동 서울교동초등학교	33
반달(동요)	동요	충남 보령시 성주면 개화리 개화예술공원	269
반야월 작사가비	기념비	충남 보령시 성주면 개화리 개화예술공원	297
발산마을 노래비	애향가	전남 나주시 세지면 교산리 발산마을	349
밤배	가요	경남 남해시 상주면 상주은모래비치	409

색인

방등산가비	민속음악	전북 고창군 신림면 방장산 억새봉	318
방랑시인 김삿갓	가요	강원도 영월군 하동면 와석리 김삿갓 문학관 입구	200
방울새(동요)	기타	경남 거제시 일운면 거제일운초등학교 교정	439
배치기 소리	민속음악	인천광역시 옹진군 연평면 조기역사관 옆	100
배치기 소리	민속음악	인천광역시 옹진군 연평면 연평종합회관 앞	100
백마강	가요	충남 부여군 부여읍 구교리 구드래 조각공원	270
백석포 노래	애향가	충남 아산시 영인면 백석포리 아산항주유소 앞	297
백제야화	가요	충남 부여군 부여읍 백마강변	271
범우리동가비	애향가	경북 경주시 강동면 호명리 마을입구	392
변산 아으리랑	가요	전북 부안군 변산면 반월안내소	309
병곡의 노래	애향가	경북 영덕군 병곡면 고래불해수욕장 음악분수대 앞	392
보리밭(가곡)	가곡	부산광역시 중구 남포동 자갈치시장 친수마당	64
복내 삼베길쌈 소리비	민속음악	전남 보성군 복내면 면소재지 입구 소공원	350
봄나들이(동요)	기타	경남 거제시 일운면 거제일운초등학교 교정	439
봄날은 간다	가요	강원도 춘천시 남산면 남이섬 노래박물관 앞	201
봄바람(동요)	기타	경남 거제시 일운면 거제일운초등학교 교정	439
봄편지(동요)	동요	울산광역시 중구 다운동 입화산	114
봄편지(동요)	동요	울산광역시 중구 복산동 서덕출 기념공원	114
봄편지(동요)	동요	울산광역시 중구 학성동 학성공원	114
봉숭아(가곡)	가곡	경기도 수원시 팔달구 수원시청앞 올림픽공원	155
봉숭아(가곡)	가곡	서울특별시 종로구 송월동 월암근린공원(홍난파기념관)	34
봉숭아(가곡)	가곡	충남 보령시 성주면 개화리 개화예술공원	272
봉원사가비	애향가	서울특별시 서대문구 봉원동 봉원사 경내	50
봉현면민의 노래	애향가	경북 영주시 봉현면 봉현면사무소앞	392
부산갈매기	가요	부산광역시 남구 용호동 오륙도등대섬	65
부산의료원 병원가	애향가	부산광역시 연제구 거제동 부산의료원	74
부산진구의 노래	애향가	부산광역시 부산진구 부암동 부산진구청	74
부용산	가요	전남 목포시 대성동 목포여고	332
부용산	가요	전남 보성군 벌교읍 부용산 오리길	332
비내리는 고모령	가요	대구광역시 수성구 만촌동 망우공원	86
비내리는 인천항 부두	가요	인천광역시 중구 항동 연안부두 해양광장	96
비둘기집	가요	경기도포천시소흘읍낙원공원의정부묘지전우(전승우)선생묘소	156
비목(가곡)	가곡	강원도 화천군 화천읍 평화의댐 비목공원 내	202
비목(가곡)	가곡	경남 김해시 김해호국무공수훈자전공비	410

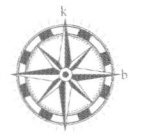

비목(가곡)	가곡	전북 순창군 구림면 화문산 비목공원	310
비목(가곡)	가곡	충남 보령시 성주면 개화리 개화예술공원	273
비목(가곡)	가곡	충북 충주시 주덕읍 신양리 주덕읍사무소 화단	233
빈 의자(판각)	기타	강원도 원주시 무실동 박건호공원	222
빗속에서(가곡)	가곡	충남 보령시 성주면 개화리 개화예술공원	274
빙글빙글(판각)	기타	강원도 원주시 무실동 박건호공원	223
빛과 그림자(판각)	기타	강원도 원주시 무실동 박건호공원	223
빨간마후라	가요	대구광역시 달성군 유가면 유치곤 호국기념관	87
사공의노래(가곡)	가곡	강원도 강릉시 저동 경포호반 나루터 옆	203
사랑을 위하여	가요	경기도 양평군 양평읍 오빈리 물안개공원	157
사모곡	가요	세종특별자치시 전동면 청송리 뒤웅박고을	128
사모곡(목주가)	민속음악	충남 천안시 동남구 목천읍 목주가 공원	297
사벌면민의 노래	애향가	경북 상주시 사벌면사무소앞	392
산넘어 남촌에는(가곡)	가곡	경북 김천시 대항면 직지문화공원	370
산넘어 남촌에는(가곡)	가곡	부산광역시 북구 금곡동 한솔아파트 단지내	66
산동애가	가요	전남 구례군 산동면 좌사리 산수유사랑공원	333
산들바람(가곡)	가곡	경기도 의왕시 학의동 천주교공원묘지 정인섭선생 묘소	158
산막이옛길	가요	충북 괴산군 칠성면 연하협구름다리 입구	234
산바람 강바람(동요)	기타	경남 거제시 일운면 거제일운초등학교 교정	439
산바람 강바람(동요)	동요	경기도 성남시 분당구 율동공원	159
산유화(가곡)	가곡	충남 보령시 성주면 개화리 개화예술공원	275
산유화가(열녀향랑노래비)	민속음악	경북 구미시 형곡동 구미시립중앙도서관	392
산토끼(동요)	동요	경남 창녕군 창녕읍 이방초등학교	411
산토끼(동요)	동요	경남 창원시 마산합포구 산호동 산호공원	411
삼다도소식	가요	제주특별자치도 서귀포시 대정읍 하모리 산이물 공원	447
삼천포아가씨	가요	경남 사천시 대방동 삼천포대교공원	412
삼팔선의 봄	가요	경기도 광주시 오포읍 능평리 삼성개발공원묘원	160
삼팔선의 봄	가요	전북 임실군 관촌면 사선대공원	311
삼포가는 길	가요	경남 창원시 진해구 웅천면 우포동 삼포마을	413
삽다리 총각	가요	충남 예산군 덕산면 덕산관광호텔 입구 로터리	276
삽다리 총각	가요	충남 예산군 삽교읍 삽다리공원	276
상동들노래	민속음악	전남 무안군 무안읍 용월리 상동마을(학마을)	350
상사의 내 하동	가요	경남 하동군 악양면 평사리 평사리공원	414
새끼 손가락(판각)	기타	강원도 원주시 무실동 박건호공원	223

색인 465

색인

새나라의 어린이(동요)	동요	서울특별시 광진구 능동 어린이대공원	35
새마을노래	기타	경기도 여주시 연양동 금은모래유원지 새마을탑	182
새마을노래	기타	경북 구미시 상모동 박정희대통령 생가	392
새마을노래	기타	경북 포항시 북구 기계면 봉좌산 지게재 갈림길	393
새마을노래	기타	제주특별자치도 제주시 연동 영천내 새마을 소공원	452
새싹	기타	대구광역시 동구 도동시비동산	88
새야새야 파랑새야	민속음악	전북 고창군 고창읍 죽림리 전봉준 생가터	318
새야새야 파랑새야	민속음악	전북 정읍시 덕천면 하현리 갑오동학혁명기념탑 옆	318
서귀포 바닷가	가요	제주특별자치도 서귀포시 서홍동 서귀포칠십리 시공원	449
서귀포 칠십리	가요	제주특별자치도 서귀포시 서귀동 이중섭 미술관앞	450
서귀포 칠십리	가요	제주특별자치도서귀포시서홍동외돌개에서황우지선녀탕가는길	450
서귀포 칠십리	가요	제주특별자치도 서귀포시 서홍동 외돌개휴게소 부근	450
서귀포를 아시나요	가요	제주특별자치도 서귀포시 서홍동 서귀포칠십리 시공원	448
서동요	민속음악	경북 군위군 고로면 일연공원	393
서동요비	민속음악	충남 부여군 부여읍 궁남지 주차장	297
서산 갯마을	가요	충남 서산시 지곡면 중왕리 포구	277
서산 문화원의 노래	애향가	충남 서산시 읍내동 서산문화원앞	297
서울의 찬가	가요	서울특별시 종로구 세종로 세종로공원	36
서편제비조 박유전선생기념비	기념비	전남 보성군 보성읍 보성성당 옆 작은 공원	350
선구자(가곡)	가곡	경남 창원시 마산합포구 신포동 마산조각공원	415
선구자(가곡)	가곡	경남 창원시 마산회원구 합성동 마산역 광장	415
선구자(가곡)	가곡	부산광역시 영도구 동삼동 광명고등학교	67
선운산가비	민속음악	전북 고창군 아산면 선운사 시비공원(선운사 입구)	319
선창	가요	충남 예산군 덕산면 덕산관광호텔 입구 로터리	278
설악가	가요	강원도 속초시 노학동 국립산악박물관	204
섬마을 선생님	가요	인천광역시 옹진군 자월면 이작리 대이작도 해안가 도로	97
섬마을 선생님	가요	전남 함평군 손불면 월천리 안악해변	334
섬진강	가요	경남 하동군 악양면 평사리 평사리공원	416
섬진강 탄곡	가요	경남 하동군 악양면 평사리 평사리공원	417
섬집아기(동요)	기타	경남 거제시 일운면 거제일운초등학교 교정	439
섬집아기(동요)	동요	경북 칠곡군 석적면 반계리 세아조각수목원	371
성남시민의 노래	애향가	경기도 성남시 분당구 중앙공원	182
성남시민의 노래	애향가	경기도 성남시 중원구 남한산성공원	182
성남시민의 노래	애향가	경기도 성남시 중원구 희망대공원	182

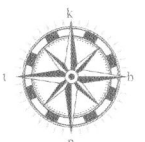

성불사의 밤(가곡)	가곡	경북 상주시 화북면 속리산 화북지구 성불사	372
성악가 고 강영중 선생 추모비	기념비	경남 창원시 의창구 퇴촌동 국립 창원대학교 교정	434
성악가 고태국 음악비	기념비	부산광역시 부산진구 초읍동 부산어린이대공원	74
세계의 문 Part1	가요	서울특별시 강북구 번동 북서울꿈의숲	37
세월이 가면 (가곡)	가곡	강원도 강릉시 저동 경포호반 시비산책로	205
세월이 가면 (가곡)	가곡	강원도 인제군 인제읍 합강리 합강정 공원	205
세월이 가면 (가곡)	가곡	강원도 인제군 인제읍 상동리 박인환기념관 앞	205
세월이 가면 (가곡)	가곡	전남 장성군 북하면 장성문화예술공원	335
세월이 가면 (가곡)	가곡	충북 음성군 생극면 관성리 큰바위얼굴조각공원	235
소고당고단여사가사비(산외별곡)	기타	전북 정읍시 산외면 산외중학교	319
소고당고단여사가사비(진정길)	기타	전남 장흥군 장흥읍 평화리 마을입구	350
소나무(동요)	기타	경남 거제시 일운면 거제일운초등학교 교정	440
소양강 처녀	가요	강원도 춘천시 우두동 소양2교 남단 산책로 옆	206
송아지(동요)	기타	경남 거제시 일운면 거제일운초등학교 교정	440
송원동민의 노래	애향가	경남 밀양시 삼랑진읍 송원동	434
송파의 노래	가요	서울특별시 송파구 잠실동 송파문화원	38
수덕사의 여승	가요	충남 예산군 덕산면 수덕사 입구	297
수목원에서(가곡)	가곡	충남 태안군 안면읍 안면도 수목원	279
수선화(가곡)	가곡	강원도 강릉시 저동 경포호반 시비산책로	207
수안보 온천(전래민요)	민속음악	충북 충주시 수안보면 온천리	244
수원의 노래	애향가	경기도 수원시 장안구 SK아트리움	183
수원의 노래	애향가	경기도 수원시 팔달구 수원시청앞 광장	183
숲속을 걸어요(동요)	동요	경기도 시흥시 시흥시 정왕2동 배움의 숲	161
숲속을 걸어요(동요)	동요	부산광역시 북구 금곡동 한솔아파트 단지내	68
슬프도록 보고픈 이여(가곡)	가곡	충남 보령시 성주면 개화리 개화예술공원	280
시계바늘	가요	경북 칠곡군 약목면 신유장군 유적지 앞	373
시민의 노래	애향가	경남 사천시 사천시청앞	435
시오리 솔밭길	가요	경남 하동군 고전면 성평리 주교천변 배드리공원	418
시초면민의 노래	애향가	충남 서천군 시초면 시초면민의집 광장	298
시편23편	기타	서울특별시 용산구 동자동 서울 성남교회	50
신라의 달밤	가요	경기도 광주시 오포읍 능평리 삼성개발공원묘원	162
신라의 달밤	가요	경북 경주시 감포읍 나정해수욕장맞은편 감포해수탕 주차장	374
신라의 달밤	가요	경북 경주시 구정동 불국사역 앞 로터리	374
신성리 갈대밭 연가	가요	충남 서천군 한산면 신성리갈대밭 입구	281

색인 467

색인

신전마을 노래비	애향가	경북 문경시 산양면 신전리	393
신중현 작곡가비	기념비	충남 보령시 성주면 개화리 개화예술공원	298
신토불이	가요	충남 논산시 취암동 논산공설운동장 녹지공원	282
쐐쐐쐐	가요	전북 진안군 진안읍 군하리	312
아 대한민국	가요	강원도 원주시 무실동 박건호공원	208
아리랑	민속음악	경북 문경시 문경읍 문경새재 아리랑공원	393
아리랑	민속음악	전남 장성군 북이면 갈재 통일공원	350
아베마리아(판각)	기타	강원도 원주시 무실동 박건호공원	223
아씨	가요	충남 금산군 금산읍 비호산근린공원	283
아우라지	민속음악	강원도 정선군 북면 여량리 아우라지역 건너 팔각정 앞	218
아우라지(가곡)	가곡	강원도 정선군 여량면 여량리 아우라지	209
안동역에서	가요	경북 안동시 운흥동 안동역앞	375
안면도 꽃지사랑(가곡)	가곡	충남 태안군 안면읍 안면도 꽃지 해수욕장	284
안민가	민속음악	경북 경주시 보문동 보문단지	393
안사람 의병가	민속음악	강원도 춘천시 삼천동 춘천청소년도서관 광장	218
안사람 의병노래	민속음악	강원도 춘천시 남면 발산리 윤희순 의사 생가터	219
안사람 의병노래	민속음악	강원도 홍천군 내촌면 물걸리 척야산문화수목원	218
안사람 의병노래	민속음악	충남 천안시 목천면 독립기념관	298
알뜰한 당신	가요	서울특별시 노원구 중계동 당현천변	39
애달픈 노래	민속음악	강원도 춘천시 남면 가정리 춘천애국지사묘역	219
애수의 소야곡	가요	경남 밀양시 내일동 박시춘 옛집	419
애수의 소야곡	가요	경남 진주시 판문동 진양호 공원	419
애수의 소야곡	가요	서울특별시 강북구 번동 북서울꿈의숲	40
앵두나무 처녀	가요	경기도 남양주시 화도읍 모란공원묘원	163
양양팔경가	애향가	강원도 양양군 서면 수리마을 남대천변	219
어린 음악대(동요)	동요	경북 경산시 하양읍 하양초등학교	376
어린이 왈츠(동요)	기타	경남 거제시 일운면 거제일운초등학교 교정	440
어린이날 노래(동요)	동요	서울특별시 종로구 경운동 서울교동초등학교	41
어린이행진곡(동요)	기타	경남 거제시 일운면 거제일운초등학교 교정	440
어머니(가곡)	가곡	경남 진주시 금산면 용아리 금아산방	420
어머니의 마음(가곡)	가곡	경북 상주시 화북면 속리산 화북지구 성불사	377
어머니의 마음(가곡)	가곡	서울특별시 강남구 중동고등학교	42
어젯밤 이야기(판각)	기타	강원도 원주시 무실동 박건호공원	223
얼굴(가곡)	가곡	경기도 안성시 보개면 안성맞춤랜드	164

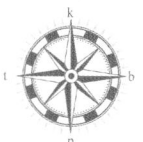

제목	분류	위치	쪽
얼굴(가곡)	가곡	세종특별자치시 전동면 청송리 뒤웅박고을	129
얼굴(가곡)	가곡	충남 보령시 성주면 개화리 개화예술공원	285
얼룩 송아지(동요)	동요	경북 경주시 황성동 황성공원 산책로	378
엄마야 누나야(동요)	기타	경남 거제시 일운면 거제일운초등학교 교정	440
엄마야 누나야(동요)	동요	경남 거창군 거창읍 죽전근린공원	421
엄마야 누나야(동요)	동요	부산광역시 북구 금곡동 한솔아파트 단지내	69
엄마야 누나야(동요)	동요	세종특별자치시 전동면 청송리 뒤웅박고을	130
엄마야 누나야(동요)	동요	전남 나주시 남평면 남석리 지석강유 원지	336
엄마야 누나야(동요)	동요	충북 옥천군 옥천읍 상계리 지용문학공원	236
엄마야 누나야(동요)	동요	충북 음성군 생극면 관성리 큰바위얼굴조각공원	236
여름냇가(동요)	기타	경남 거제시 일운면 거제일운초등학교 교정	440
여수항 경치	가요	전남 여수시 수정동 오동도	337
연꽃이 되었구나(성불가요)	기타	인천광역시 강화군 선원면 지산리 선원사	100
연안부두	가요	인천광역시 중구 항동 연안부두친수공원	98
연인들의 이야기	가요	강원도 원주시 무실동 박건호공원	210
연인들의 이야기(판각)	기타	강원도 원주시 무실동 박건호공원	223
연평도 고유의 민속소리	민속음악	인천광역시 옹진군 연평면 조기역사관 옆	100
연평도 고유의 민속소리	민속음악	인천광역시 옹진군 연평면 연평종합회관 앞	100
영남 선산 파랑새야	민속음악	경북 구미시 선산읍 해평리 쌍암고택	393
영도찬가	애향가	부산광역시 영도구 동삼동 75광장	75
영등포의 밤	가요	서울특별시 영등포구 영등포동 타임스퀘어 문화광장	43
영산강 처녀	가요	광주광역시 동구 선교동 너릿재공원	104
영암 아리랑	가요	전남 영암군 군서면 동구림리 왕인박사 유적지	338
영암 아리랑	가요	전남 영암군 영암읍 월출산 천황지구 등산로 입구	338
영암 아리랑	가요	전남 영암군 영암읍 월출산기찬랜드	338
영암향토가	기타	전남 영암군 군서면 동구림리 왕인박사 유적지	350
영원	가요	경기도 양평군 양서면 갑산공원묘원 최진영 묘소	165
영일군민의 노래	애향가	경북 포항시 남구 호미곶면 등대박물관 옆	394
영일만 친구	가요	경북 포항시 남구 호미곶면 등대박물관 옆	379
예천아리랑 노래비	민속음악	경북 예천군 예천읍 한천도효자마당	394
옛 동산에 올라(가곡)	가곡	경남 창원시 마산합포구 상남동 마산문학관	422
옛 친구(가곡)	가곡	충남 태안군 안면읍 안면도수목원	286
오늘이 오늘이소서 노래탑	민속음악	전북 남원시 동충동 남원성	319
오래오래 살아주세요	가요	전북 정읍시 칠보면 송산마을 송현섭 선생 생가	313

색인

오빠 생각(동요)	기타	경남 거제시 일운면 거제일운초등학교 교정	441
오서산 타령비	민속음악	충남 보령시 청라면 장현리 명대계곡주차장	298
오직 하나뿐인 그대(판각)	기타	강원도 원주시 무실동 박건호공원	224
오태균 음악비	기념비	부산광역시 사하구 하단동 에덴 공원	75
옥샘 오솔길	애향가	부산광역시 금정구 구서동 동래여고 옥샘동산	75
옥씨 종족의 노래	애향가	경남 의령군 대의면 신전리	434
옥씨 종족의 노래	애향가	전남 무안군 몽탄면 사창리 사동마을 입구	351
옹달샘(동요)	기타	경남 거제시 일운면 거제일운초등학교 교정	441
완포의 노래	애향가	충남 서천군 화양면 완포리 마을회관앞	298
왕십리(가곡)	가곡	서울특별시 성동구 행당동 왕십리역 광장	44
왕태동가비	애향가	경북 문경시 영순면 왕태1리마을	394
외나무다리	가요	경북 영덕군 영덕읍 삼각주공원	380
용궁사의 밤	가요	부산광역시 기장군 기장읍 시랑리 부산 해동용궁사	70
용산마을 노래비	애향가	전남 진도군 임회면 용호리 용산마을 마을회관 앞	351
용상골이 좋아요	가요	경기도 파주시 월롱면 덕은1리 월롱산 산림공원 입구	166
용호강노래	가요	강원도 홍천군 내촌면 물걸리 척야산문화수목원	211
우리 애인은 올드미스(판각)	기타	전남 장흥군 장흥읍 우산리 정남진편백숲우드랜드	353
우리의 소원(동요)	동요	경기도 동두천시 상봉암동 자유수호박물관	167
우리의 소원(동요)	동요	경기도 이천시 마장면 청강문화산업대학 본관 앞	167
우리의 소원(동요)	동요	전남 장성군 북이면 갈재 통일공원	339
우린 너무 쉽게헤어졌어요(판각)	기타	강원도 원주시 무실동 박건호공원	224
우산(동요)	기타	경남 거제시 일운면 거제일운초등학교 교정	441
울고 넘는 박달재	가요	서울특별시 금천구 독산동 금천체육공원	45
울고 넘는 박달재	가요	충북 제천시 봉양읍 박달재서원휴게소	237
울릉도는 나의 천국	가요	경북 울릉군 북면 현포리(평리) 이장희 농원 '울릉천국'	381
울산아리랑	가요	울산광역시 중구 남외동 울산종합운동장	115
울산큰애기	가요	울산광역시 울주군 서생면 대송리 간절곶 근처	116
월곳면민 노래비	애향가	경기도 김포시 월곳면사무소앞	183
월악산	가요	충북 제천시 덕산면 신륵사 입구 체육공원	238
월출산 연가	가요	전남 영암군 영암읍 월출산기찬랜드	340
유정천리	가요	경기도 시흥시 마전동 주내파출소 뒷산 김부해선생 묘소	168
육군제1훈련소가(군가)	군가	제주특별자치도 서귀포시 대정읍 상모리 평화의터	452
음암면민의 노래	애향가	충남 서산시 음암면 도당리 청춘예찬공원	298
의정부 평화의 노래	기타	경기도 의정부시 의정부동 의정부역앞 평화의 광장	183

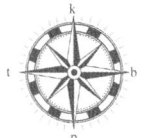

이 거리를 생각하세요(판각)	기타	강원도 원주시 무실동 박건호공원	224
이 길을 간다	가요	경기도 남양주시 화도읍 모란공원묘원 박춘석 선생 묘소	169
이 소원 잊지말아주	가요	강원도 홍천군 서석면 수하리 앙천루 입구	212
이별의 인천항	가요	인천광역시 중구 북성동 월미도 문화의 거리	99
이별의 종착역(판각)	기타	전남 장흥군 장흥읍 우산리 정남진편백숲우드랜드	353
이별이래(판각)	기타	강원도 원주시 무실동 박건호공원	224
이정표	가요	경기도 고양시 덕양구 내유동 백란공원묘원	170
이천애향가	애향가	경기노 이천시 안흥동 안흥지공원	183
익산시 애향노랫말비(서동·선화)	애향가	충남 보령시 성주면 개화리 개화예술공원	299
인생(사노라면)	기타	부산광역시 기장군 기장읍 시랑리 부산 해동용궁사	75
인어 이야기(판각)	기타	강원도 원주시 무실동 박건호공원	224
인천시민의 노래	애향가	인천광역시 남동구 장수동 인천대공원	100
잃어버린 30년	가요	경기도 파주시 문산읍 임진각 국민관광지	171
잃어버린 30년(판각)	기타	강원도 원주시 무실동 박건호공원	224
잊혀진 계절(판각)	기타	강원도 원주시 무실동 박건호공원	225
자랑스런 서희(동요)	동요	경기도 이천시 부발읍 서희 선생 테마파크	172
자작고개	가요	강원도 홍천군 서석면 풍암리 동학혁명기념탑 옆	213
자전거(동요)	기타	경남 거제시 일운면 거제일운초등학교 교정	441
자전거(동요)	동요	경기도 부천시 원미구 중동 중앙공원	173
자전거(동요)	동요	전남 고흥군 고흥읍 고흥문화회관 입구	341
작곡가 정율성 선생 기념비	기념비	전남 화순군 능주면 능주초교 교정	351
작지만 큰 행복	가요	경기도 성남시 분당구 분당메모리얼파크	174
잘 있거라 내장산아	가요	전북 정읍시 쌍암동 내장산워터파크	314
장군의 노래	기타	충북 청주시 외평동 최영장군 영당 입구	244
장산 들노래	민속음악	전남 신안군 장산면 도창리 동산들노래전수관 앞	351
장서방네 노을	가요	경기도 평택시 팽성읍 신대리 평택섶길 2-1코스	175
장성군민의 노래	애향가	전남 장성군 북하면 장성문화예술공원	351
장성의 찬가	애향가	전남 장성군 북하면 장성문화예술공원	351
장전마을 노래비	애향가	부산광역시 기장군 철마면 장전리 마을회관앞	75
저녁에	가곡	충남 보령시 성주면 개화예술공원	287
전남도민의 노래	애향가	전남 장성군 북하면 장성문화예술공원	352
전우야 잘자라	가요	경남 김해시 김해 호국무궁수훈자기념비 옆	423
전우야 잘자라	가요	경남 창원시 마산회원구 석전동 석전삼거리	423
전우야 잘자라	가요	경북 칠곡군 칠곡군 가산면 다부동전적기념관 광장	382

색인

정과정곡(고려가요)	민속음악	부산광역시 수영구 망미동 정과정 유적지	75
정과정곡(고려가요)	민속음악	부산광역시 연제구 연산동 수영환경공원 체육공원	76
정선 아리랑	민속음악	경북 문경시 문경읍 문경새재 아리랑공원	394
정선아리랑	민속음악	강원도 정선군 정선읍 정선읍사무소앞	219
정선아리랑 민요비	민속음악	강원도 정선군 정선읍 봉양리 비봉산공원 중턱	219
정선아리랑 뗏사공	민속음악	강원도 정선군 북면 여량리 아우라지공원	219
정읍사	민속음악	전북 정읍시 부전동 내장산문화광장	319
정읍사	민속음악	전북 정읍시 시기동 정읍사공원	319
정읍사	민속음악	전북 정읍시 시기동 정읍사예술회관앞	319
제망매가	민속음악	경북 군위군 고로면 일연공원	394
조개 껍질 묶어(라라라)	가요	충남 보령시 신흑동 대천해수욕장	288
좋아졌네	가요	충북 충주시 산척면사무소 앞뜰	239
즐거운 잔칫날(판각)	기타	전남 장흥군 장흥읍 우산리 정남진편백숲우드랜드	353
지구는 보배로운 집	기타	대구광역시 동구 도동시비동산	88
지난 여름날의 이야기(판각)	기타	강원도 원주시 무실동 박건호공원	225
지는 해가 아름다워	가요	전북 부안군 하서면 백련리 바람모퉁이공원	315
진도 아리랑	민속음악	경북 문경시 문경읍 문경새재 아리랑공원	394
진도아리랑	민속음악	전남 진도군 진도군 의신면 사천리 첨찰산 입구	352
진안군가	애향가	전북 진안군 진안읍 우화산 만남의 광장	320
진안사랑가	애향가	전북 진안군 진안읍 우화산 만남의 광장	320
짝사랑	가요	울산광역시 중구 다운동 입화산	117
짝짜꿍(동요)	동요	충북 옥천군 옥천읍 문정리 옥천문화예술회관	240
찔레꽃(백난아)	가요	제주특별자치도제주시한림읍 명월리백난아찔레꽃기념공원	451
찔레꽃(백난아)	가요	제주특별자치도 제주시 한림읍 명월리 중동마을 명월대 앞	451
찔레꽃(장사익)	가요	경남 산청군 차황면 실매리 찔레꽃둑방길	424
찔레꽃(장사익)	가요	충남 서천군 마서면 국립생태원 찔레동산	289
차성가	민속음악	부산광역시 기장군 기장읍 기장군청앞	76
찬기파랑가	민속음악	경북 경주시 교동 계림	395
찬기파랑가	민속음악	경북 군위군 고로면 일연공원	395
창녕황토가비	애향가	경남 창녕군 창녕읍 화왕산군립공원 자하곡매표소 위	434
채석강의 절경	가요	전북 부안군 변산면 격포항부둣가 해넘이공원	316
처녀뱃사공	가요	경남 함안군 대산면 악양나루터 도로변	425
처용가(향가)	민속음악	경북 경주시 천군동 세계문화엑스포공원	395
처용가(향가)	민속음악	경북 군위군 고로면 일연공원	395

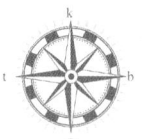

처용가(향가)	민속음악	울산광역시 남구 황성동 처용암 앞	120
척야산 진달래	가요	강원도 홍천군 내촌면 물걸리 척야산문화수목원	214
청기면민의 노래	애향가	경북 영양군 청기면 청기면 복지회관 앞	395
청산리 벽계수야(황진이가비)	민속음악	경기도 파주시 문산읍 임진각국민관광지	183
청산에 살리라(가곡)	가곡	충남 보령시 성주면 개화리 개화예술공원	290
청주시민의 노래	애향가	충북 청주시 상당구 남문로2가 중앙공원	244
초가삼간	가요	경북 포항시 기계면 예단리 황우루선생 묘소	383
초록바다(동요)	동요	경기도 안산시 상록구 사동 안산호수공원 시대미공원	176
초록의 향연	기타	대구광역시 동구 도동시비동산	88
초우	가요	충남 보령시 성주면 개화리 개화예술공원	291
촛불을 켜라(성불가요)	기타	인천광역시 강화군 선원면 지산리 선원사	101
최후의 결전(독립군가)	군가	경남 밀양시 내이동 밀양항일운동테마거리	434
추억의 관방천	가요	전남 담양군 담양읍 객사리 담양조각공원 (관방제림)	342
추억의 백마강	가요	충남 부여군 부여읍 백마강변	292
추풍령	가요	충북 영동군 추풍령면 추풍령(경북과의 경계)	241
출가해녀의 노래	민속음악	제주특별자치도 서귀포시 안덕면 올레길 9코스 시작점	452
치악산(판각)	기타	강원도 원주시 무실동 박건호공원	225
칠갑산	가요	충남 청양군 대치면 칠갑광장휴게소	293
칠갑산	가요	충남 청양군 대치면 칠갑산장승공원	293
칠갑산	가요	충남 청양군 정산면 칠갑산휴게소	293
칠갑산	가요	충남 청양군 정산면 칠갑산노래공원	293
타향살이	가요	경기도 광주시 오포읍 능평리 삼성개발공원 묘원	177
타향살이	가요	경기도 용인시 처인구 모현면 천주교용인공원 묘원	177
타향살이	가요	서울특별시 노원구 중계동 당현천변	46
타향살이	가요	울산광역시 중구 다운동 입화산	118
타향살이	가요	울산광역시 중구 북정동 옛 동헌	118
탄금대사연	가요	충북 충주시 칠금동 탄금대공원	242
태종대	가요	부산광역시 영도구 동삼동 태종대유원지 입구	71
태평사	민속음악	부산광역시 남구 민락동 진조말산 무궁화동산	76
토곡산	기타	경남 양산시 원동면 원리 토곡산 중턱	434
토요일은 밤이 좋아(판각)	기타	강원도 원주시 무실동 박건호공원	225
파도	가요	강원도 강릉시 주문진읍 아들바위 공원	215
파란마음 하얀마음(동요)	동요	서울특별시 종로구 경운동 서울교동초등학교	47
팔각모 사나이(군가)	군가	경북 포항시 해병대교육훈련단	395

색인

팔공산아	가요	경북 군위군 군위읍 체육공원	384
푸른 잔디(동요)	동요	경북 칠곡군 석적면 반계리 세아조각수목원	385
풀잎 이슬(판각)	기타	강원도 원주시 무실동 박건호공원	225
하동포구 노래비	가요	경남 하동군 하동읍 읍내리 섬진교소공원	426
하동포구 아가씨	가요	경남 하동군 하동읍 목도리 하동포구공원	427
하숙생	가요	충남 천안시 동남구 삼룡동 천안삼거리공원	294
하얀나비	가요	경기도 파주시 탄현면 죽현리 기독교인 공원묘원	178
하의도민속연장방아도라깨놀이노래비	민속음악	전남 신안군 하의면 웅곡리	352
하의도 상여소리 노래비	민속음악	전남 신안군 하의면 웅곡리 하의도 웅곡선착장	352
학교 4H 노래	애향가	경남 진주시 초전동 경남농업기술원 내	435
학교종(동요)	기타	경남 거제시 일운면 거제일운초등학교 교정	441
학마을 노래	애향가	강원도 강릉시 구정면 학산1리 마을회관	220
학산 들노래	민속음악	전남 나주시 노안면 학산리 용산마을	352
한 많은 백마강	가요	충남 부여군 부여읍 백마강변	295
항구의 연인	가요	경남 거제시 옥포1동 오션플라자 앞 도시공원	428
해녀 노래	민속음악	제주특별자치도 제주시 구좌읍 제주해녀박물관	452
해녀의 노래	민속음악	제주특별자치도 제주시 우도면 천진항 선착장	452
해녀의 뱃노래	민속음악	제주특별자치도 서귀포시 대정읍 운진항 소공원	452
해 뜰 날	가요	경북 안동시 성곡동 세계물포럼기념공원	386
해 뜰 날	가요	전북 전주시 완산구 효자동 전주 영생고등학교	317
해 뜰 날	가요	전북 정읍시 부전동 내장산문화광장	317
해운대 엘레지	가요	부산광역시 해운대구 우동 송림공원	72
향기 품은 군사우편	가요	부산광역시 기장군 장안읍 장안신기솔밭 쌈지공원	73
향수	가요	전남 무안군 무안읍 서호리1구 마을회관 앞	344
향수(가곡)	가곡	경기도 안산시 상록구 사동 안산호수공원 시테마공원	179
향수(가곡)	가곡	경남 거창군 거창읍 죽전근린공원	429
향수(가곡)	가곡	경북 김천시 대항면 직지문화공원	387
향수(가곡)	가곡	서울특별시 강남구 대치동 휘문고등학교	48
향수(가곡)	가곡	세종특별자치시 전동면 청송리 뒤웅박고을	131
향수(가곡)	가곡	전남 장성군 북하면 장성문화예술공원	343
향수(가곡)	가곡	충북 옥천군 옥천읍 문정리 옥천문화원	243
향수(가곡)	가곡	충북 옥천군 옥천읍 하계리 정지용생가	243
향토가 노래비	애향가	경남 사천시 곤명면 금성마을 애향비 옆	435
헌화가	민속음악	경북 군위군 고로면 일연공원	396

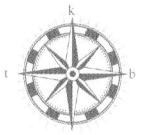

헌화가	민속음악	부산광역시 서구 서대신동 대신공원	76
현충일 노래	기타	경남 거창군 거창읍 죽전근린공원	435
형제별(동요)	동요	경기도 안산시 상록구 사동 안산호수공원 시테마공원	180
호랑나비	가요	전남 함평군 함평읍 함평 엑스포공원	345
호미곶 내고향	애향가	경북 포항시 남구 호미곶면사무소 앞	396
홍도야 우지마라	가요	경기도 시흥시 방산동 이서구선생 묘소	181
홍랑가비	민속음악	경기도 파주시 교하면 다율리 해주최씨 선산	184
홍외촌 노래	애향가	충북 청주시 상당구 영동 홍외촌마을	244
화개장터	가요	경남 하동군 화개면 화개장터	430
화령의 노래	애향가	경북 상주시 화서면 화서IC입구 삼거리	396
화진포에서 맺은 사랑	가요	강원도 고성군 현내면 초도리 초도항 방파제	216
화진포에서 맺은 사랑	가요	강원도 고성군 현내면 화진포 생태박물관 앞	216
화진포에서 맺은 사랑	가요	강원도 고성군 현내면 화진포 해양박물관 앞	216
화촌의 노래	애향가	경남 고성군 구만면 화림리 도산서원 앞	435
환상의 섬	가요	울산광역시 남구 매암동 장생포고래박물관	119
황금 들노래	민속음악	전남 담양군 수북면 황금리 마을회관 앞	352
황성옛터	가요	경북 영천시 창구동 조양공원	388
황성옛터	가요	경북 청송군 파천면 송강리 31번 국도변 솔밭	388
황포돛대	가요	경남 창원시 진해구 남양동 해안관광도로 영길만 부근	431
흑산도아가씨	가요	전남 신안군 흑산면 흑산도	346
흥타령비	민속음악	충남 천안시 동남구 삼룡동 천안삼거리공원	299

한국의 노래비
세월에 얽힌 우리의 노래를 찾아가다

심재영 · 이지환 엮음

발행일 2018년 4월 30일 초판1쇄

엮은이	심재영 · 이지환
펴낸이	정연순
디자인	서명지
펴낸곳	나무향
주 소	서울 광진구 자양로 28길 34, 드림스페이스 501호
전 화	070-4221-2152, 010-2337-2815
팩 스	02-457-2815
메 일	namuhyang2815@hanmail.net
출판등록	제2017-000052호
ISBN	979-11-89052-03-4 03090

값 20,000원

• 잘못 인쇄된 책은 바꾸어 드립니다
• 이 책은 저작권법에 따라 보호를 받는 저작물이므로 무단 전재와 복재를 금합니다

이 도서의 국립중앙도서관 출판예정도서목록(CIP)은
서지정보유통지원시스템 홈페이지(http://seoji.nl.go.kr)와
국가자료공동목록시스템(http://www.nl.go.kr/kolisnet)에서 이용하실 수 있습니다.
노래비 한국 음악[韓國音樂] (CIP제어번호 : CIP2018009649)